Documento de Trabajo
Serie Política de la Competencia y Regulación
Número 68/2025

Limitaciones a las adquisiciones de inmuebles en el marco de las libertades fundamentales del mercado único. Análisis jurídico de su viabilidad. Estudio del caso particular de Canarias como región ultraperiférica de la UE

Diego Luis Rodríguez

Serie *Política de la Competencia y Regulación* de documentos de trabajo del Real Instituto Universitario

Limitaciones a las adquisiciones de inmuebles en el marco de las libertades fundamentales del mercado único. Análisis jurídico de su viabilidad. Estudio del caso particular de Canarias como región ultraperiférica de la UE

The European Commission's support for the production of this publication does not constitute an endorsement of the contents, which reflect the views only of the authors, and the Commission cannot be held responsible for any use which may be made of the information contained therein.

CEU *Ediciones*
Julián Romea 18, 28003 Madrid
Teléfono: 91 514 05 73
Correo electrónico: ceuediciones@ceu.es
www.ceuediciones.es

Real Instituto Universitario de Estudios Europeos
Avda. del Valle 21, 28003 Madrid
www.idee.ceu.es

ISBN: 978-84-19976-89-5
Depósito legal: M-13848-2025

Maquetación: CEU *Ediciones*

Índice

Abreviaturas

AELC: Asociación Europea de Libre Comercio

CCAA: Comunidades Autónomas

CDFUE: Carta de los Derechos Fundamentales de la UE

CEDH: Convenio Europeo de Derechos Humanos

EEE : Espacio Económico Europeo.

EEMM: Estados miembros

INE: Instituto Nacional de Estadística de España,

Política Agrícola Común (PAC)

Política Comercial Común (PCC)

Política Pesquera Común (PPC)

PTU: Países y Territorios de Ultramar

RUP: Regiones Ultraperiféricas

TJUE: Tribunal de Justicia de la Unión Europea

TFUE: Tratado de Funcionamiento de la Unión Europea.

UE: Unión Europea

Introducción

Justificación del tema

La demanda creciente de vivienda en las regiones españolas con gran atractivo turístico, como los archipiélagos de Baleares y Canarias o el litoral mediterráneo, ha provocado un encarecimiento progresivo de los precios en el mercado inmobiliario.

Aunque son múltiples los factores que influyen en esta espiral alcista de precios, uno de ellos es la alta demanda de segundas residencias o propiedades para alquiler de corta estancia por parte de turistas y compradores extranjeros, cuyo poder adquisitivo es a menudo significativamente superior al de la población residente.

Ello provoca que la población con menos recursos termine resultando desplazada en el mercado de la vivienda libre, ante la ausencia de políticas públicas de vivienda ambiciosas, favoreciéndose a la postre la compra de inmuebles a manos de ciudadanos que, si bien no residen de manera permanente en el territorio, sin embargo están en disposición de ofrecer precios de compra superiores a los que puede afrontar la población local.

Esta situación ha derivado en una grave crisis habitacional, especialmente en zonas como Baleares, la Costa del Sol o Canarias, en donde la vivienda se ha vuelto inaccesible para amplias capas de su población.

Acceder a una vivienda digna se torna como un objetivo cada vez más complejo e inalcanzable, ya que el aumento de los precios ha forzado a numerosos residentes a desplazarse a zonas más alejadas o a vivir en condiciones precarias, afectando principalmente a los colectivos más vulnerables, como los jóvenes y los trabajadores esenciales. En el caso de los jóvenes, además, la falta de acceso a la vivienda actúa como un factor desestabilizador que retrasa su emancipación del núcleo familiar y limita las posibilidades de desarrollo personal en el marco de un proyecto más amplio de vida, afectando a su capacidad para acceder a un empleo estable, a formar una familia o a participar plenamente en el entorno social y económico que les rodea. Este fenómeno tiene por tanto implicaciones económicas, sociales y demográficas que trascienden del ámbito del mercado inmobiliario.

Desde un punto de vista jurídico, a pesar del reconocimiento constitucional del derecho a una vivienda digna y adecuada en el art. 47 de la Constitución de 1978, en el ordenamiento jurídico español la vivienda no se configura como un derecho subjetivo susceptible de ser invocado ante los tribunales, sino como un mero principio rector de la política social y económica que guía la actuación de los poderes públicos. En este sentido, el propio artículo 47 ya mencionado atribuye a los poderes públicos el deber de promover las condiciones necesarias y establecer las normas que garanticen el ejercicio efectivo de este derecho, dando pie a un debate abierto cada vez más vivo en el mundo académico y en el ámbito político sobre su naturaleza jurídica, en el que surgen voces que abogan por un cambio de paradigma en la concepción de la vivienda para reconfigurarla como un derecho fundamental básico con una clara dimensión social.

En lo que se refiere al plano económico, la especulación inmobiliaria y la concentración de la propiedad en manos de inversores internacionales o grandes corporaciones menoscaban la función social de la vivienda, que se ha convertido en un activo financiero con alto valor especulativo. No se la considera como un bien esencial de acceso universal, lo que acentúa la desigualdad económica y da lugar a una dinámica de exclusión para ciertos segmentos de la población.

Desde una perspectiva social, el desplazamiento de la población local por residentes temporales o turistas tiene un impacto directo en la cohesión comunitaria y en la identidad cultural de las regiones y ciudades afectadas, ya que las comunidades locales pierden sus señas distintivas de identidad al ser reemplazadas por población flotante.

Otro aspecto clave es la relación entre esta crisis habitacional y la sostenibilidad del entorno. En muchas de estas regiones y ciudades, el desarrollo urbanístico ha priorizado la construcción de segundas residencias y complejos turísticos, en detrimento de una planificación más sostenible que apueste por un equilibrio entre el uso turístico del suelo y el uso residencial y/o comunitario. Este escenario de difícil cohabitación de diferentes usos del suelo no solo agrava el problema de acceso a la vivienda, sino que también a menudo aumenta la presión sobre los recursos naturales y sobre las infraestructuras públicas básicas, como los servicios sanitarios, educativos y de transporte.

Esta disyuntiva es especialmente compleja en el caso de Canarias, en donde como veremos a continuación, la disponibilidad del suelo es limitada, al tratarse de una región insular con una complicada orografía de origen volcánico; a lo que hay que añadir que gran parte del territorio insular está sometido a algún tipo de figura de protección medioambiental, al objeto de salvaguardar ecosistemas únicos y preservar el medioambiente, la biodiversidad y los paisajes naturales de las islas. Una región, Canarias, con un estatuto jurídico diferenciado en el seno de la UE, sobre la base del reconocimiento de una situación estructural de partida, que condiciona de manera permanente su desarrollo socioeconómico, como veremos a lo largo del presente trabajo.

Objeto de estudio

En coherencia con lo expuesto en el punto anterior, el objeto de estudio de este trabajo se centrará en examinar, desde una perspectiva jurídica, la viabilidad del establecimiento por parte de las autoridades nacionales y regionales de limitaciones a las adquisiciones de inmuebles por parte de ciudadanos de la UE no residentes, respetando el marco de las libertades fundamentales del mercado interior de la UE, que garantiza la libre circulación de personas, bienes, servicios y capitales dentro del mercado único europeo.

En este contexto, conviene poner de relieve que, por una parte el régimen de la propiedad privada en la UE (en el que se incluye obviamente la adquisición de bienes inmuebles), está sometido a las legislaciones nacionales de los EEMM, y por otra, que las libertades fundamentales consagradas en los Tratados de la UE, en particular la libre circulación de capitales, debe garantizar el derecho de los ciudadanos de la UE a adquirir propiedades inmobiliarias en cualquier EM. Dicho de otro modo, los EEMM deben aplicar a los no nacionales las mismas condiciones que aplican a sus propios ciudadanos, sin imponerles restricciones que pudieran resultar discriminatorias, que no estuvieran justificadas, o que no fueran proporcionadas al objetivo que persiguen, en línea con lo dispuesto en el art. 18 del TFUE que prohíbe toda discriminación por razón de nacionalidad.

Se analizarán por tanto medidas análogas adoptadas por otras regiones europeas con el fin de preservar la propiedad inmobiliaria en manos de la población local, así como la doctrina jurisprudencial del TJUE a este respecto.

En este sentido, se extraerá en qué supuestos y bajo qué parámetros de obligada observancia ha sido posible apreciar la compatibilidad con el Derecho de la UE de algunas de las medidas adoptadas, partiendo de la premisa de que la libertad de circulación de capitales no es absoluta y puede ser por tanto objeto de limitaciones justificadas. Cualquier medida en consecuencia que busque limitar las adquisiciones de inmuebles por parte de no residentes deberá cumplir con ese marco.

Finalmente, se intentarán centrar los hallazgos de la investigación en cuáles son esos parámetros y bajo qué circunstancias sería posible adoptar medidas restrictivas, con el fin de establecer con la mayor claridad posible el marco bajo el cual sería viable técnicamente fijar propuestas que resulten compatibles con la normativa nacional y europea. Solo de este modo será posible conciliar las necesidades de las comunidades locales con las obligaciones de España como EM de la UE, asegurando que las medidas adoptadas no solo sean legalmente viables, sino también socialmente aceptables y efectivas en la práctica.

Pregunta de investigación

Con el objetivo de orientar y desarrollar el análisis a realizar, se plantea la siguiente pregunta de investigación: ¿Es compatible con el Derecho de la Unión Europea el establecimiento de medidas que limiten la adquisición de bienes inmuebles por parte de ciudadanos europeos no residentes en un determinado territorio?

A su vez, esta cuestión se manifiesta en una doble vertiente: por una parte, ¿qué alcance pueden tener dichas medidas y bajo qué criterios es posible formularlas?, y por otra, ¿podrían aplicarse para restringir la adquisición de cualquier inmueble o solo para aquellos que no vayan a ser destinados a residencia habitual del adquirente?

Del mismo modo, vinculadas con estas preguntas principales, surgen otras de carácter secundario, pero no por ello no menos importantes como: ¿qué tipo de justificaciones o argumentos podrían sustentar el establecimiento de dichas limitaciones para garantizar su compatibilidad con el Derecho de la UE?; en el caso de Canarias, dada su condición de Región Ultraperiférica de la UE, ¿podrían invocarse adaptaciones, modulaciones o derogaciones del marco general europeo para introducir medidas restrictivas con carácter temporal o permanente?.

Premisas

La investigación a desarrollar parte de las siguientes premisas:

La libre circulación de mercancías, la libre circulación de trabajadores, la libertad de establecimiento, la libertad de prestación de servicios y la libre circulación de capitales constituyen las libertades fundamentales del mercado único europeo y son la piedra angular sobre las que se sustenta este proyecto común al que llamamos Unión Europea. Cualquier medida legislativa nacional o regional que pretenda restringir estas libertades fundamentales debe ser compatible con el Derecho de la UE, respetando los compromisos adquiridos por los EEMM al ratificar en sus respectivos Parlamentos nacionales su adhesión al proyecto común europeo.

Por otra parte, la presión cada vez mayor que genera sobre el mercado inmobiliario la compra de viviendas por parte de ciudadanos europeos no residentes en territorios con gran atractivo turístico como Canarias, Baleares y todo el litoral mediterráneo español, han propiciado el surgimiento de iniciativas políticas de diversa índole que abogan por el establecimiento de medidas limitativas para atajar esta tendencia.

Partiendo de estas premisas, y sobre la base de un análisis técnico jurídico, se determinará la viabilidad jurídica que presentan las propuestas que han planteado algunas formaciones políticas, con el fin de calibrarlas adecuadamente para arrojar luz sobre un asunto de creciente actualidad.

El objeto de la investigación se conducirá por tanto en torno al objetivo de analizar la viabilidad técnica de dichas iniciativas que proponen implantar medidas restrictivas, en el marco normativo europeo y nacional vigente, y a la luz de la jurisprudencia del Tribunal de Justicia de la Unión Europea (TJUE).

La finalidad última que se persigue es ofrecer claridad y rigor técnico para alimentar el debate público y político en esta materia, asegurando que cualquier medida adoptada sea compatible con el marco jurídico europeo y nacional, y que responda de manera efectiva a las necesidades sociales que subyacen.

Metodología

El enfoque metodológico planteado para este análisis se estructura en torno a varios ejes que permitirán abordar desde una perspectiva eminentemente jurídica, pero sin olvidar al mismo tiempo los planos económico y social, el acceso a los bienes raíces en regiones de la UE que sufren una presión exacerbada en su mercado inmobiliario, con especial énfasis en el caso de Canarias.

En primer lugar, el **análisis cualitativo** de las medidas adoptadas por otras regiones de la UE, proporciona un marco comparativo esencial y un punto de partida clave en tanto estas medidas han demostrado ser eficaces en ciertos contextos para garantizar el acceso a la vivienda por parte de la población local. La relevancia de este análisis reside por tanto en evaluar cómo estas experiencias pueden adaptarse a las especificidades de Canarias, que afronta una presión particular debido a su atractivo turístico por un lado y a las limitaciones territoriales por otro.

El **análisis cuantitativo** por su parte, se centrará en indicadores clave del mercado de la vivienda en Canarias, incluyendo el precio medio por metro cuadrado, las tasas de compra por parte de residentes y no residentes, y el impacto de la actividad inmobiliaria en el PIB/VAB regional. A este respecto, según Eurostat, España experimenta una tendencia al alza en los precios de la vivienda, siendo Canarias una de las comunidades autónomas con mayor incidencia de las transacciones inmobiliarias realizadas por extranjeros. Estas cifras serán complementadas con datos del Instituto Nacional de Estadística (INE) y fuentes locales para ofrecer una visión detallada del impacto económico y social de esta dinámica.

Por otra parte, a partir del análisis de la estructura productiva de las islas, y del salario medio en la región, se abordará la identificación de uno de los obstáculos reales que dificultan el acceso a la vivienda de manera efectiva, a partir de la discrepancia entre el poder adquisitivo medio de la población local y los precios del mercado de referencia.

De manera complementaria, nos ocuparemos del **estudio del caso particular de Canarias** con el fin de destacar sus particularidades geográficas y económicas como factores determinantes para la formulación de políticas diferenciadas. Su condición de región ultraperiférica de la UE, reconocida por el artículo 349 del Tratado de Funcionamiento de la UE (TFUE), permite cierto margen de discrecionalidad a las instituciones europeas para adoptar políticas que respondan a sus necesidades específicas. En este contexto, la adaptación y modulación de políticas comunes podrían permitir restricciones a las compras de inmuebles que no vayan a ser destinados a residencia permanente, incentivos para fomentar la vivienda asequible, y programas de desarrollo económico que mitiguen los efectos de la dependencia del turismo.

Finalmente, las **revisiones bibliográfica y jurisprudencial** aportarán un marco teórico sólido para entender la relación entre las restricciones propuestas y las libertades fundamentales del mercado interior de la UE. El Tribunal de Justicia de la Unión Europea (TJUE) ha abordado casos en los que ha establecido criterios estrictos para dar carta de naturaleza a la validez de ciertas medidas nacionales que, aunque supongan un menoscabo de estas libertades, sin embargo resultan compatibles con el Derecho de la UE. Este *corpus jurídico* será esencial para identificar los límites normativos dentro de los cuales las autoridades canarias y españolas podrían actuar dentro del marco que les permite el acervo comunitario. Además, servirá para evaluar la viabilidad de argumentar excepciones o adaptaciones en base al estatus de Canarias como Región Ultraperiférica de la UE.

Capítulo I. Análisis de la situación de Canarias y su mercado inmobiliario

1.1. Canarias como Región Ultraperiférica de la UE

1.1.1.Evolución histórica del reconocimiento de sus singularidades

Desde su incorporación a la Corona de Castilla en el siglo XV, Canarias ha gozado de un régimen especial debido a su insularidad, lejanía y escasez de recursos, con el fin de promover su desarrollo económico y social, habida cuenta de sus dificultades intrínsecas.

Ya desde 1487 los Reyes Católicos concedieron a los pobladores de las islas una serie de exenciones en el pago de tributos para estimular su desarrollo económico, excepciones al régimen general que se mantuvieron durante más de tres siglos y que se vieron reflejadas en sucesivas disposiciones[1] que venían a reconocer un sistema librecambista que se traducía en la no aplicación de aranceles, una menor presión fiscal indirecta, una financiación particular para las corporaciones locales y medidas de apoyo a ciertos sectores económicos.

Este tratamiento diferenciado del archipiélago se ha mantenido a lo largo de la historia y encuentra su reconocimiento en el marco constitucional actual, concretamente en la Disposición Adicional Tercera de la Constitución española de 1978, que confirma las particularidades económicas y fiscales de la región, proporcionándole una protección de rango constitucional a este Régimen Económico y Fiscal singular frente a futuras modificaciones, y asegurando su continuidad y blindaje ante posibles modificaciones que no respeten su naturaleza especial[2].

Dicho reconocimiento constitucional se ve complementado con la referencia expresa a estas especificidades en el Estatuto de Autonomía de Canarias[3], norma básica fundamental del sistema de fuentes autonómico, que dedica el capítulo I de su título VI (artículos 165 a 168) a reforzar la importancia de este régimen propio del acervo histórico constitucionalmente reconocido, y a regular los mecanismos de necesaria coordinación interinstitucional en caso de que fuera necesario abordar su modificación.

En paralelo a esta afirmación en el ordenamiento jurídico interno, el reconocimiento del acervo histórico singular de Canarias en el seno de la Unión Europea se ha traducido en un estatus particular, recogido actualmente en el artículo 349 del vigente Tratado de Funcionamiento de la Unión Europea (TFUE).

El régimen jurídico de integración de Canarias dentro de la UE ha experimentado no obstante una evolución notable desde la adhesión de España a las Comunidades Europeas en 1986, en el marco de un proceso paulatino de reconocimiento progresivo de sus singularidades.

Con la adhesión del Reino de España a la CEE, Canarias se integró en el territorio comunitario, pero con ciertas excepciones contempladas en el Acta de Adhesión de 1985 y en su Protocolo nº 2, caracterizándose por su exclusión de la Unión Aduanera y la Política Comercial Común (PCC), de la Política Agrícola Común (PAC) y la Política Pesquera Común (PPC) –excepto por algunas disposiciones para proteger determinadas producciones locales

---

1   Real Cédula de privilegios y franquezas de 20 de enero de 1487 otorgada por los Reyes Católicos, que pasó a tener carácter perpetuo en virtud de Provisión de doña Juana de Castilla de 24 de diciembre de 1507, confirmada por Real Cédula de Carlos I de 19 de septiembre de 1528, vigente durante más de tres siglos, hasta que en 1852 se firma el Real Decreto de 11 de junio, por el que se crean los puertos francos, ampliado posteriormente por Ley de 22 de junio de 1872, y que a su vez confirma y ratifica la Ley de Puertos Francos de 6 de marzo de 1900. Llegamos así al último cuarto del siglo XX, en el que la Ley 30/1972, de 22 de julio, sobre Régimen Económico-fiscal de Canarias, actualiza y reconoce el régimen especial que Canarias había tenido a lo largo de la historia, adaptándolo a las nuevas realidades económicas de ese momento.

2   D.A. 3ª: *La modificación del régimen económico y fiscal del archipiélago canario requerirá informe previo de la Comunidad Autónoma o, en su caso, del órgano provisional autonómico.*

3   Ley Orgánica 1/2018, de 5 de noviembre, de reforma del Estatuto de Autonomía de Canarias (BOE núm. 268, de 6/11/2018). Corrección de errores: BOE núm. 274, de 13/11/2018 y BOE núm. 26, de 30/1/2019.

agrícolas– y del ámbito de aplicación del IVA, en base a sus particularidades históricas de política económica y fiscal que ya hemos mencionado.

Este régimen de integración parcial de vigencia temporal debía finalizar en 1991. Sin embargo, la rigidez del Protocolo nº 2 y la incertidumbre generada en Canarias ante las perspectivas del Mercado Único de ese entonces, ante la falta de mecanismos de protección de las producciones locales de plátano canario y otras frutas y hortalizas, provocaron una inquietud generalizada en la sociedad de las islas y en su clase política. Ello dio lugar a la adopción en 1989 de una Resolución del Parlamento de Canarias[4], en la que se instaba a la negociación de un nuevo marco que condujera a una mayor integración de las islas, y que reconociera al mismo tiempo ciertas especificidades propias, como su Régimen Económico y Fiscal.

En respuesta a esta demanda, y tras un duro periodo de negociación con las autoridades europeas, se implementó un nuevo régimen de integración plena con el reconocimiento de ciertas especificidades. Dicho régimen se articuló mediante el Reglamento (CEE) nº 1911/1991, que sobre la base del reconocimiento de su especial régimen económico y fiscal, dispone la aplicación del Derecho comunitario en el archipiélago canario con ciertas excepciones para adaptarse a su particular situación, y mediante la Decisión del Consejo 91/314/CEE que establece un Programa de Opciones Específicas por la Lejanía e Insularidad de Canarias (POSEICAN), que garantiza el suministro de productos agrícolas esenciales y la compensación de los sobrecostes asociados a su importación. Se trataba de poner en marcha un régimen de integración progresiva en todas las políticas comunitarias, con una serie de excepciones temporales durante un periodo transitorio de diez años, dirigido a promover la participación plena de Canarias en el mercado interior.

La etapa de consolidación de este estatus singular de "Región Ultraperiférica" vino a materializarse de manera efectiva con la entrada en vigor en 1999 del Tratado de Ámsterdam, en cuya negociación se consiguió fraguar un reconocimiento expreso de esta realidad única en su artículo 299.2, que reconoce el estatus particular de un conjunto de regiones extraeuropeas con unas particularidades que las singularizan, entre las cuales se encuentra Canarias. Ello supuso la culminación del proceso de reconocimiento de un hecho diferencial, elevándolo a la categoría de base jurídica autónoma recogida en el Derecho primario europeo.

1.1.2. Delimitación conceptual de la Ultraperiferia

La primera referencia documentada a la *ultraperiferia* como atributo de estas regiones extraeuropeas alejadas del continente, se remonta a la Asamblea General de la Conferencia de Regiones Periféricas y Marítimas (CRPM)[5] celebrada en Saint Denis, en la isla francesa de La Reunión, en octubre de 1987. El término fue acuñado por el entonces presidente de las Azores, Sr. Mota Amaral, quien para referirse a la noción de alejamiento extremo de las islas más apartadas del continente europeo, utilizó la expresión "más que periféricas" seguida de "ultra", caracterizando así la expresión "periferia de la periferia" o "ultraperiferia"[6].

---

4   Parlamento de Canarias: Diario de sesiones, 21 de diciembre de 1989: Comunicación del Gobierno sobre modificación del Protocolo de adhesión a la C.E.E., pp. 2954 y ss.

5   Organización de cooperación interregional que agrupa a regiones periféricas y marítimas de Europa para defender sus intereses en el ámbito de la UE, con el fin de abordar conjuntamente los desafíos específicos que enfrentan debido a su ubicación geográfica, como la lejanía de los centros de poder, el aislamiento, y los retos sociales y económicos. Sitio web: https://cpmr.org/

6   VALENTE, Isabel Maria Freitas –Conceito de Ultraperiferia- Génese e evolução. Coimbra: Cadernos do CEIS20, n.º 19 2011, pp. 15-16.

En el marco vigente actualmente la noción de *Ultraperiferia* se recoge en el artículo 349 del TFUE[7], integrado en la Séptima Parte "Disposiciones Generales y Finales" del Tratado, y por tanto susceptible de aplicación en principio no solo a un ámbito sectorial concreto o a una política concreta de la UE, sino a todas las políticas europeas sobre las que incida el Derecho europeo y que se apliquen en estas regiones.

Si bien dicho artículo no ofrece una definición explícita de "Región Ultraperiférica" (RUP), sin embargo sí que enumera los territorios que ostentan esta condición, y los caracteriza a partir de una serie de condicionantes geográficos y económicos que las singularizan, como ya hemos mencionado.

Se trata por tanto de definir a través de esta disposición a un conjunto de nueve regiones europeas extracontinentales, pertenecientes a tres EEMM, de las que ocho son islas o archipiélagos[8]: por cuenta de Francia encontramos a los Departamentos y Colectividades de ultramar de Guadalupe, La Reunión, Martinica, Mayotte y San Martín como territorios insulares repartidos entre el mar Caribe, el océano Índico y el Canal de Mozambique, junto con el territorio continental de la Guayana francesa aislado del resto de continente americano por la vasta selva amazónica; por cuenta de Portugal, las regiones autónomas de Azores y de Madeira en el Atlántico medio y, por parte de España, la comunidad autónoma de Canarias, situada junto a la costa noroccidental africana.

Estas regiones comparten las siguientes limitaciones específicas, cuya persistencia y combinación perjudican gravemente su desarrollo económico y social:

– *Ubicación geográfica extraeuropea*, ya que a pesar de su pertenencia política a EEMM de la UE, las RUP son territorios situados fuera del continente europeo. Ello supone la *integración en un doble espacio* constituido por una parte, por una zona político-económica de pertenencia y por otra, por un área geográfica de proximidad cercana a países terceros de la UE o por un espacio totalmente aislado en medio del subcontinente sudamericano.

– *Gran lejanía del continente europeo*, acrecentada por la insularidad o la doble insularidad (en el caso de los archipiélagos) o el aislamiento territorial (en el caso de la Guayana francesa), lo cual tiene un impacto directo en su desarrollo socioeconómico, ya que deben a enfrentarse a importantes dificultades para beneficiarse de las ventajas del mercado interior de la UE; además, las RUP archipelágicas como Canarias padecen como factor agravado la "Doble Insularidad", ya que la mayoría de la población y de la actividad económica y administrativa se concentran en las dos islas capitalinas.

– *Condiciones geográficas y climáticas particulares* que frenan el desarrollo endógeno de los sectores primario y secundario, debido a la orografía de origen volcánico en la mayoría de los casos, y a la escasez de terrenos aptos para la agricultura en unas economías poco diversificadas.

– *Dependencia económica de un número reducido de productos*, con tendencia histórica a la especialización en producciones agrícolas de tipo tropical, aumentando con ello su exposición a las fluctuaciones del mercado y a las rupturas de las cadenas de aprovisionamiento de productos básicos, lo que acentúa su vulnerabilidad económica.

– *Escasa dimensión del mercado local* y *fragmentación* en el caso de los territorios archipelágicos, lo que limita igualmente sus posibilidades de desarrollo económico ante las dificultades para beneficiarse de economías de escala.

---

7   Artículo 349 TFUE: *Teniendo en cuenta la situación estructural social y económica de Guadalupe, la Guayana Francesa, Martinica, Mayotte, la Reunión, San Martín, las Azores, Madeira y las islas Canarias, caracterizada por su gran lejanía, insularidad, reducida superficie, relieve y clima adversos y dependencia económica de un reducido número de productos, factores cuya persistencia y combinación perjudican gravemente a su desarrollo, el Consejo, a propuesta de la Comisión y previa consulta al Parlamento Europeo, adoptará medidas específicas orientadas, en particular, a fijar las condiciones para la aplicación de los Tratados en dichas regiones, incluidas las políticas comunes. Cuando el Consejo adopte dichas medidas específicas con arreglo a un procedimiento legislativo especial, se pronunciará también a propuesta de la Comisión y previa consulta al Parlamento Europeo.*
Las medidas contempladas en el párrafo primero se referirán, en particular, a las políticas aduanera y comercial, la política fiscal, las zonas francas, las políticas agrícola y pesquera, las condiciones de abastecimiento de materias primas y de bienes de consumo esenciales, las ayudas públicas y las condiciones de acceso a los fondos estructurales y a los programas horizontales de la Unión.
El Consejo adoptará las medidas contempladas en el párrafo primero teniendo en cuenta las características y exigencias especiales de las regiones ultraperiféricas, sin poner en peligro la integridad y coherencia del ordenamiento jurídico de la Unión, incluido el mercado interior y las políticas comunes.

8   European Commission: The EU and its outermost regions.

Todo ello hace que la *ultraperiferia* no se asemeje, ni *de facto* ni *de iure*, a otros territorios europeos con características geográficas específicas como las regiones más septentrionales con escasa densidad de población, las regiones montañosas o las regiones insulares, a las que en ocasiones se las suele asimilar. Tampoco es equiparable su situación a la de los PTU, de los que les separan diferencias no solo de hecho, sino sobre todo de derecho, pues estos últimos no son parte integral de la UE y cuentan con un régimen de asociación propio cuya regulación se encuentra en la Cuarta Parte (arts. 198 a 204) del TFUE.

Es importante destacar que las limitaciones enumeradas no son coyunturales, sino permanentes e inherentes a su realidad geográfica y económica. El propio TFUE reconoce la "persistencia y combinación" de estos factores como elemento clave para otorgarles un estatus especial.

Es precisamente la permanencia de las limitaciones que afrontan las RUP lo que da lugar a la necesidad de un tratamiento diferenciado en las políticas europeas, facultando dicho artículo expresamente al Consejo, para adoptar medidas específicas de aplicación de los Tratados en las RUP, incluyendo las políticas comunes.

En este sentido, hay que destacar que la jurisprudencia del Tribunal de Justicia de la Unión Europea (TJUE) ha reforzado el alcance del mencionado artículo 349, refrendando la necesidad de tomar en consideración estas circunstancias singulares. Así, en la conocida como *Sentencia Mayotte*[9], se reconoce de manera clara y contundente la potestad del Consejo para adoptar medidas específicas en favor de las RUP, incluso cuando las medidas no persigan directamente su desarrollo económico, siempre que exista un vínculo entre la medida y las singularidades de estas regiones[10]. Del mismo modo deja claro el alto tribunal en esta sentencia que dicho artículo permite adoptar medidas dirigidas a fijar las condiciones para la aplicación en estas regiones, no sólo de las disposiciones de los Tratados, sino también de las disposiciones del Derecho derivado[11].

Además, el posicionamiento del TJUE es lo suficientemente amplio como para respaldar la adopción de medidas, incluso cuando pudieran estar encaminadas a la consecución de una finalidad que se aparte de la expresamente prevista en el artículo 349 del TFUE, siempre y cuando la medida constituya un "*todo indisociable*" y presente un "*carácter accesorio*" frente a la principal, de manera que sea posible considerar que su adopción puede basarse en dicho artículo[12].

En este punto, el TJUE hace suyas las conclusiones del Abogado General, Sr. Wahl, quien consideró que si los aspectos a regular son accesorios al objetivo fundamental que persigue la medida en cuestión, el Consejo tiene razones fundadas para establecer como base jurídica única el artículo 349 TFUE, sin que sea necesario que establezca una base jurídica doble (o triple)[13].

Esta interpretación extensiva del alcance del precepto refuerza de manera incontestable el carácter de base jurídica autónoma del art. 349 del TFUE, como base para la aplicación sistemática del mismo en todas las políticas europeas en las que sea necesario llevar a cabo una adaptación, modulación o incluso derogación del marco general con el fin de adecuarlo a las necesidades particulares de cada territorio, sin que ello ponga en cuestión la consecución del objetivo común a lograr.

1.1.3. Implementación en el marco europeo actual

El artículo 349 del TFUE constituye por tanto la base jurídica fundamental para la adaptación o modulación de las políticas europeas a las necesidades de estas regiones, un principio que se ha ido consolidando a lo largo de los años, y que ha venido acompañado en su desarrollo y concreción por una Estrategia específica para las RUP desarrollada por la Comisión Europea, que se ha plasmado en diversas Comunicaciones.

---

9   Sentencia del Tribunal de Justicia (Gran Sala) de 15 de diciembre de 2015, asuntos acumulados C-132/14 a C-136/14, ECLI:EU:C:2015:813, ap. 69.

10   Ibidem, ap. 69.

11   Ibidem, ap. 72 a 79.

12   Ibidem, ap. 92 y 93.

13   Conclusiones del Abogado General, Sr. Wahl - Asuntos Acumulados C-132/14 a C-136/14, ECLI:EU:C:2015:425, ap. 81.

En 2004 la Comisión presentó su primer documento estratégico para las RUP[14], con el objetivo de estructurar y reforzar el partenariado entre las instituciones europeas, las regiones y sus EEMM de pertenencia. La estrategia se ha renovado hasta en cinco ocasiones en varias Comunicaciones ("*soft law*"), la última de ellas en mayo de 2022 bajo la rúbrica "*Dar prioridad a las personas, asegurar el crecimiento sostenible e inclusivo y liberar el potencial de las regiones ultraperiféricas de la UE*"[15].

A lo largo de los años el enfoque de la estrategia ha evolucionado, pasando de un planteamiento inicial de mera compensación económica por las desventajas estructurales a una lógica actual más proactiva, que se centra en promover y potenciar las ventajas y oportunidades de estas regiones desde una perspectiva integral y desde la corresponsabilidad e implicación de las autoridades locales, nacionales y europeas.

Hoy en día las RUP se enfrentan a numerosos retos, como las consecuencias del cambio climático dada su especial vulnerabilidad y exposición frente a fenómenos climáticos adversos[16], la presión demográfica y los flujos migratorios, o la necesidad de integrarse en sus entornos geográficos próximos mediante el fortalecimiento de la cooperación, por mencionar solo algunos.

Además, su situación de desventaja estructural se traduce en mayores dificultades de su población para acceder a oportunidades de empleo y desarrollo profesional, mayores desafíos para acceder a servicios como tratamientos avanzados de salud o educación, y mayores tasas de pobreza y desigualdad social respecto al resto de regiones, no solo de la media UE27 sino también respecto a otras regiones de su mismo EM de pertenencia.

A pesar de estas dificultades, es importante destacar que estas "regiones no europeas de Europa" también cuentan con un gran potencial para aportar valor añadido al conjunto de la UE. Debido a su ubicación geoestratégica son la avanzadilla de Europa en el mundo, constituyendo verdaderos laboratorios para la innovación desde los cuales desarrollar soluciones innovadoras en áreas como la economía azul y la economía circular, la biotecnología o la energía. Poseen una gran biodiversidad y ecosistemas marinos únicos, siendo centros de referencia científica en sus respectivas zonas geográficas, y generando producciones agrícolas de calidad con un alto valor añadido.

1.1.4. Balance y perspectivas de futuro

A la vista del contexto señalado, podemos aseverar que la UE tiene la capacidad y el deber de asegurar que sus políticas no agraven las desventajas de las RUP, sino que bien al contrario, contribuyan a su desarrollo económico y social, brindando a sus ciudadanos las mismas oportunidades que al resto de los ciudadanos europeos.

Es fundamental por tanto que las instituciones europeas continúen adaptando sus políticas desde un enfoque flexible e integrador. Ahora bien, estas adaptaciones no deben concebirse como concesiones o privilegios, sino como herramientas necesarias para garantizar la igualdad efectiva entre los ciudadanos de las RUP y los del resto de la UE, promoviendo así un desarrollo armonioso del proyecto europeo.

Garantizar la cohesión territorial, tanto en su dimensión interna como externa, debe ser el objetivo en torno al cual se refuerce la necesidad de adoptar medidas específicas que reconozcan las dinámicas diferenciadas dentro de cada RUP. En el caso de Canarias, esto implica atender tanto las particularidades de sus islas más desarrolladas como los desafíos de las denominadas "islas verdes"[17], que padecen problemáticas propias como consecuencia de la tendencia a la disminución poblacional y una tasa de actividad económica menos pujante.

---

14   Comisión Europea: COM(2004) 343 final.

15   Comisión Europea: COM(2022) 198 final.

16   El más reciente, el ciclón Chido, que devastó la RUP francesa de Mayotte, y que se ha calificado como "*la mayor catástrofe climática en 90 años en la isla de Ultramar*" (El Mundo: El ciclón Chido arrasa la isla francesa de Mayotte, 16 de diciembre de 2024).

17   Término acuñado para las tres islas más occidentales del archipiélago canario (El Hierro, La Gomera y La Palma) en la Exposición de motivos de la Ley territorial 6/2002, de 12 de junio, sobre medidas de ordenación territorial de la actividad turística en las islas de El Hierro, La Gomera y La Palma, modificada por Ley territorial 14/2019, de 25 de abril. Estas islas cuentan desde 2002 con una regulación específica en el ámbito de la ordenación territorial de la actividad turística para "*permitir un modelo turístico alternativo al de la urbanización turística de litoral, que se sustente en la puesta en valor del paisaje como recurso y dé respuesta a las demandas que con relación a estos modelos plantea el mercado*".

Un modelo de desarrollo equilibrado debe considerar estas asimetrías regionales, estableciendo mecanismos que fomenten la cooperación y la solidaridad interterritorial, que promuevan la inversión en sectores estratégicos y que aseguren que todos los ciudadanos del archipiélago, independientemente de su lugar de residencia, se beneficien por igual de las ventajas que supone la pertenencia al mercado único europeo, sobre la base de un enfoque flexible en la implementación de las políticas europeas, con el fin de promover un desarrollo sostenible que garantice la fijación de la población al territorio, que respete su biodiversidad, que potencie su conectividad con el exterior y que refuerce su competitividad dentro del mercado único europeo.

En definitiva, a modo de síntesis, Canarias como RUP es un claro ejemplo de cómo la diversidad geográfica de la UE precisa de soluciones flexibles e integradoras. La necesaria adaptación de las políticas europeas en todos aquellos ámbitos en los que la situación de partida lo requiera, no sólo garantizará una mayor equidad y convergencia en su integración en el mercado único, sino que reforzará el principio de cohesión territorial, clave para el éxito del proyecto europeo a escala global.

1.2. Perfil socioeconómico de la región

1.2.1. Geografía y demografía

El archipiélago canario está situado frente a la costa noroccidental africana, a unos 1.100 km. del continente europeo, constituyendo por tanto la frontera sur de Europa, con una clara vocación de apertura al exterior que lo convierte, bien sea por necesidad, bien por su natural predisposición, en una plataforma tricontinental abierta al intercambio comercial y cultural entre Europa, América y África.

Está constituido por ocho islas, con una superficie total de 7.447 km² y una población de 2.213.016 habitantes[18]. Sus 302 habitantes por kilómetro cuadrado, la sitúan como la tercera comunidad autónoma española por densidad de población, superada solo por la Comunidad de Madrid y el País Vasco, aunque esta cifra se supera ampliamente en las dos islas capitalinas (Tenerife[19] y Gran Canaria)[20].

Su población ha crecido de manera exponencial en el periodo comprendido entre 2001 y 2023, con un aumento del 32%. Este fuerte incremento se explica principalmente por la llegada de población extranjera. Así, mientras en el año 2000 había 77.196 extranjeros residentes en Canarias, en 2022 la cifra había alcanzado los 288.489, lo que representa un aumento próximo al 375% en apenas 22 años. Este aumento de 211.653 extranjeros residentes representa alrededor del 40% del crecimiento total de la población en Canarias.

A estas cifras de población residente, hay que añadir como población flotante los algo más de 15 millones de turistas que recibe de media la región cada año[21], situándose en la actualidad en cifras que superan ya los registros anteriores a la pandemia. Además, Canarias encabeza desde hace ya varios años, la lista de destinos europeos por número de pernoctaciones de turistas extranjeros, con 83,2 millones de pernoctaciones, seguida de la región costera croata de Jadranska Hrvatska (80,8 millones) y de Baleares (61,7 millones)[22].

---

18   Documento de trabajo de los Servicios de la Comisión (SWD/2024/227 final): El papel de la política de cohesión en la implementación de la Comunicación titulada «Dar prioridad a las personas, asegurar el crecimiento sostenible e inclusivo y liberar el potencial de las regiones ultraperiféricas de la UE».

19   Con una población de 948.815 habitantes a 1 de enero de 2023 según datos del INE, y una superficie de 2.034,38 km², Tenerife cuenta con una densidad de población de 466,39 hab./km²

20   Con 862.893 habitantes a 1 de enero de 2023 y una superficie de 1.560,11 km², Gran Canaria arroja una densidad de población incluso superior, de 553,09 hab./km²

21   El año 2024 ha marcado un nuevo récord con una cifra acumulada anual de 17,3 millones de turistas, lo que representa un 7,83% más que en 2023 (cifras del Ministerio de Industria y Turismo, según el avance provisional de 15 de enero de 2025).

22   Eurostat: Which EU regions are receiving the most foreign tourists?. Octubre 2024.

1.2.2. Organización política y economía

Desde el punto de vista político y administrativo, el archipiélago goza de un marco institucional democrático estable, con un alto grado de descentralización administrativa. Políticamente constituye una de las 17 comunidades autónomas españolas y su autonomía política data de 1982, año en el que se aprobó su Estatuto de Autonomía, reformado recientemente mediante Ley Orgánica 1/2018, de 5 de noviembre, para adaptarlo a las necesidades de los nuevos tiempos.

El hecho insular ha marcado también su organización político-administrativa, erigiéndose los Cabildos Insulares ya desde 1912 como órganos de gobierno, representación y administración de cada una de las islas (salvo para La Graciosa, cuya gestión y representación la asume el de Lanzarote).

Cuenta con importantes infraestructuras portuarias y aeroportuarias, habida cuenta de la importancia que reviste el transporte y la conectividad aérea y marítima, claves para mantener el dinamismo de su economía, fuertemente "terciarizada", con un sector turístico preponderante que representa en torno al 35% del PIB regional y ocupa en torno al 40% del empleo directo e indirecto de las islas. Esta excesiva "especialización" en el subsector turístico hace que la región sea muy vulnerable a las fluctuaciones externas, tal y como se demostró en la pasada crisis pandémica, en la que el cierre de fronteras y la restricciones de movimientos de personas, afectaron de manera significativa a su economía, experimentando caídas pronunciadas de las principales magnitudes macroeconómicas. La mayoría de ellas se han recuperado al menos de manera parcial al cabo de estos años posteriores a la pandemia, aunque sin que se haya producido un cambio de modelo económico.

El sector primario y el secundario tienen un peso relativo menor. La agricultura isleña, centrada en el cultivo de producciones con un gran valor simbólico y paisajístico como el plátano, el tomate o el vino, se enfrenta a importantes desafíos derivados de la necesidad de competir en mercados internacionales frente a la competencia desleal de productos foráneos a los que no se les exigen los mismos estándares de calidad ambiental y fitosanitaria en su producción, reclamando en consecuencia la exigencia de "cláusulas espejo" en las negociaciones comerciales de la UE con terceros países para la protección de producciones sensibles procedentes de las islas. Mientras que la industria local por su parte, aunque limitada, continúa buscando oportunidades de crecimiento y consolidación en torno a iniciativas relacionadas con la economía azul, las energías renovables o la gestión medioambiental, por mencionar solo algunos ámbitos con gran potencial de desarrollo endógeno.

El desempleo sigue siendo uno de los mayores retos a los que se enfrenta la región, ya que la tasa de paro ronda el 11,91%, superando la media nacional que se situó en el 10,61% en el cuarto trimestre de 2024[23], con especial incidencia en la población juvenil en donde alcanza el 42,7%, triplicando prácticamente la media de la UE27 que se sitúa en el 14,5%[24]. Aunque el sector turístico genera numerosos empleos, suelen ser empleos de escasa cualificación y por tanto con baja remuneración. Las reformas dirigidas a mejorar la capacitación laboral y la especialización, particularmente en sectores tecnológicos y de energías limpias, han comenzado a mostrar resultados, pero aún es pronto para analizar su impacto y efectividad en el mercado de trabajo.

Por otra parte, la región presenta un alto grado de desigualdad social en comparación con otras comunidades autónomas españolas y con la mayoría de regiones europeas. En 2024, la pobreza relativa ha afectado a algo más del 30% de la población del archipiélago, con un impacto significativo en hogares monoparentales y familias numerosas. En este sentido, según el Informe anual de la Red Europea de Lucha contra la Pobreza y la Exclusión Social[25] presentado en octubre de 2024, el 33,8% de la población de Canarias está en situación de riesgo de pobreza, el 65% tiene dificultades para llegar a fin de mes, mientras que el 53% no puede afrontar gastos imprevistos.

---

23   INE: Encuesta de Población Activa (EPA) Cuarto trimestre 2024.

24   Eurostat: Regions and Cities illustrated.

25   Red Europea de Lucha contra la Pobreza y la Exclusión Social en el Estado Español (EAPN-ES): Informe AROPE 2024.

1.3. Mercado de la vivienda en el archipiélago

El mercado inmobiliario en Canarias ha experimentado un gran dinamismo en los últimos años, con un crecimiento constante en los precios de compraventa y alquiler, convirtiéndose en uno de los lugares más atractivos del territorio nacional para la inversión en bienes raíces, junto con el litoral mediterráneo español y las islas Baleares.

La climatología de las islas, su estabilidad política y el nivel relativamente alto de seguridad ciudadana, junto con un coste de vida algo más asequible en comparación con otras regiones españolas y europeas, gracias a una imposición indirecta inferior, son algunos de los aspectos que hacen del archipiélago un destino atractivo para potenciales compradores nacionales e internacionales.

1.3.1. Factores diferenciales del mercado inmobiliario canario

Si bien la evolución del mercado inmobiliario del archipiélago canario no difiere en sustancia de la registrada en otras Comunidades Autónomas españolas, en donde se ha padecido un alza generalizada de precios, sin embargo hay una serie de factores que individualizan y agravan la situación resultante, debido por una parte a las características socioeconómicas de la región y por otra a sus limitaciones y condicionantes geográficos.

Entre ellos, cabe destacar la ratio relativamente baja de viviendas por habitante y el déficit de vivienda protegida, la demanda de vivienda por parte de ciudadanos extranjeros, o la escasez de suelo disponible, por citar solo algunos.

En cuanto a la ratio de viviendas por cada 100 habitantes, el mercado canario presenta menor oferta que la media a nivel nacional: en 2021 había 49,9 viviendas por cada 100 residentes, mientras la media nacional se situaba en 56,1, situación que por otra parte se ve agravada por el alto porcentaje de viviendas vacías en las islas (19,4%, frente a la media nacional que se sitúa en el 14,4%, es decir, superando la media nacional en diez puntos porcentuales)[26]. Además, el parque público de viviendas protegidas es deficitario respecto a las necesidades de la población residente en las islas[27].

Ante el alza generalizada de precios para la adquisición de viviendas, tanto de nueva construcción como de segunda mano, el mercado de alquiler ha experimentado un auge significativo, convirtiéndose en la vía principal de acceso a la vivienda en las islas, en particular entre los jóvenes. En 2023, el 28,5% de la población residente accedió a su vivienda habitual a través del alquiler, mientras que la media nacional se situaba en el 18,7% (10 puntos porcentuales de diferencia)[28]. Este aumento en la demanda del alquiler, junto con la escasez de oferta, han contribuido al incremento del precio de los alquileres que se sitúan por encima de la media estatal. En España el precio medio de la vivienda en alquiler se situó en diciembre de 2024 en 13,5 €/m2, con una tasa de variación interanual del +11,5%, mientras que Canarias registra un precio medio sensiblemente superior, que se situó en 14,1 €/m2, con una tasa de variación interanual algo más moderada (+10,3%)[29].

En cuanto al mercado de compraventa de viviendas, la evolución en Canarias es similar a la del resto de regiones españolas. Mientras el precio de la vivienda a nivel nacional ha experimentado en diciembre de 2024 un crecimiento interanual del 11,2%, situándose en 2.271 €/m2, en Canarias el precio medio se sitúa en 2.846 €/m2, es decir, un 25,32% por encima de la media nacional, con una tasa de variación interanual del 17%, figurando entre las regiones que registran un mayor incremento en términos de variación interanual, solo por detrás de la Comunidad de Madrid (+17,5%). Además, Canarias se encuentra también entre las regiones que han alcanzado nuevos máximos históricos en diciembre de 2024, junto con Baleares, Andalucía, Ceuta, Melilla, Comunitat Valenciana y Comunidad de Madrid[30].

---

26   CC.OO: Informe sobre la Vivienda en Canarias, 2024, p. 6.

27   Diputación del Común (Defensoría del Pueblo de Canarias): La situación de la vivienda en Canarias desde una perspectiva social. Informe extraordinario. Septiembre 2023, p. 51.

28   CC.OO: Informe sobre la Vivienda en Canarias, 2024, p. 4 y p. 19.

29   Evolución del precio de la vivienda en alquiler Diciembre 2024.

30   Evolución del precio de la vivienda en venta en España Diciembre 2024.

Asimismo, no hay que perder de vista la importancia que tiene la actividad inmobiliaria en Canarias y el impacto significativo que representa en su PIB regional. El sector inmobiliario y de la construcción es un pilar importante de la economía del archipiélago, estimándose que la producción en "Actividades inmobiliarias" representa una cuota del 12,8% del VAB regional, algo superior a la media nacional, que se sitúa en el 11,4%[31].

En lo que respecta a la adquisición de viviendas por parte de ciudadanos extranjeros, según el Banco de España, la demanda de vivienda por parte de extranjeros no residentes ha contribuido al aumento de los precios de la vivienda, especialmente en Baleares, Comunitat Valenciana y Canarias, caracterizándose por disponer de un elevado poder adquisitivo en términos relativos, lo que se refleja en el mayor precio medio de este tipo de operaciones inmobiliarias[32]. Por otra parte, hay que destacar que esta dinámica ha impulsado la recuperación del mercado inmobiliario español desde 2012, representando en 2023 en torno al 20% del total de operaciones de compraventa realizadas en España, lo que supone haber triplicado la cifra de operaciones de esta naturaleza respecto al periodo 2007-2013[33].

Desde el punto de vista de su distribución geográfica a lo largo del territorio nacional, este tipo de adquisiciones transnacionales se concentran sobre todo en áreas costeras y en las islas, alcanzando en algunas provincias cifras que superan ampliamente la media nacional: en Alicante el porcentaje de compraventas realizadas por extranjeros se sitúa en torno al 50% respecto al total de la provincia; en Santa Cruz de Tenerife, en Málaga o en Baleares estas transacciones representan en torno al 40% del total, mientras que en Las Palmas de Gran Canaria superan algo más del 30%[34].

Por otra parte, el Informe del Banco de España establece una correlación entre el precio por metro cuadrado significativamente superior en las adquisiciones realizadas por extranjeros no residentes, frente a las formalizadas por residentes –tanto nacionales como extranjeros–, lo que apunta a que se trata de ciudadanos no residentes con un mayor poder adquisitivo, provenientes en su mayoría de países con mayor renta per cápita. A la postre este se sitúa como otro de los factores que resultan determinantes en el incremento del precio medio de compraventa del mercado inmobiliario. Muestra de ello es el elocuente dato que recoge el informe, según el cual en 2023 el precio medio de adquisición de inmuebles por parte de extranjeros no residentes es un 70% superior al precio medio de adquisición de inmuebles por parte de nacionales residentes[35].

Esta situación de distorsión del mercado originada desde el segmento de la demanda, hay que confrontarla con el hecho de que el salario medio anual en Canarias se sitúa en 23.096,92€ (frente a la media nacional de 26.948,87€[36]), el segundo más bajo de toda España, solo por delante de Extremadura; y con una variación interanual que apenas supera el 2,8% en el caso de las islas frente al 4,1% de incremento a nivel nacional. En otras palabras, el salario medio en el archipiélago no solo es inferior al salario medio a nivel nacional, sino que además crece a un ritmo más lento, lo que ralentiza la convergencia en este aspecto con el resto de regiones españolas y europeas.

Si contrastamos esta situación de precariedad en términos de poder adquisitivo con el contexto europeo, la brecha es aún mayor entre el poder adquisitivo de la población residente en las islas frente al de los ciudadanos de la UE27, cuyo *salario medio ajustado a tiempo completo por empleado* se situó en torno a los 37.863€ en 2023[37], es decir, un 63,9% superior.

---

31   Confederación Canaria de Empresarios: Informe Anual de la Economía Canaria (2023), 13. Crecimiento regional, p. 304.

32   Banco de España: Informe anual 2023, abril de 2024, p. 246.

33   Banco de España: Documentos Ocasionales 2433, "El mercado de la vivienda residencial en España: evolución reciente y comparación internacional", octubre de 2024, p. 11.

34   Ibidem, p. 13.

35   Ibidem, p. 12.

36   INE, Encuesta de Estructura Salarial (EES) 2022.

37   Eurostat, Average full time adjusted salary per employee.

1.3.2. Mención especial a la escasez de suelo

En lo que concierne a la escasez de suelo, hay que recordar que la disponibilidad del suelo en Canarias es muy limitada, al tratarse de un territorio fragmentado de origen volcánico y orografía variable, lo que hace que no todo el terreno sea apto para su uso y aprovechamiento, ya sea agrícola, industrial o incluso residencial.

A esta limitación endógena hay que añadir además el alto porcentaje de suelo que está sometido a algún tipo de protección medioambiental con el fin de preservar su valor ecosistémico. Según datos del Ministerio para la Transición Ecológica y el Reto Demográfico (MITECO), Canarias encabeza la lista de CCAA por porcentaje de superficie terrestre protegida, con un 40,57% de su territorio protegido[38], muy por encima de la media nacional que se sitúa en el 14,80%.

En las islas existen 146 espacios naturales protegidos, de los cuales 4 son parques nacionales, 11 parques naturales, 7 parques rurales, 11 reservas naturales integrales, 15 reservas naturales especiales, 52 monumentos naturales, 27 paisajes protegidos, y 19 sitios de interés científico[39].

Además, Canarias alberga 7 de las 55 Reservas de la Biosfera reconocidas en España en la actualidad por la UNESCO[40], con una superficie total en el archipiélago de 820.120 ha., de las que 468.068 ha. son terrestres y el resto, 352.052 ha. marinas, lo que prueba el compromiso con la conservación medioambiental y el alto grado de biodiversidad con que cuentan las islas.

1.3.3. Percepción de la ciudadanía europea y española sobre la vivienda

Según el Barómetro del Centro de Investigaciones Sociológicas (CIS) de junio de 2024[41], la vivienda se sitúa entre los 3 principales problemas que más afectan de manera personal a los ciudadanos españoles, por detrás de la crisis económica y la sanidad. Del mismo modo, según los encuestados, la vivienda es el segundo mayor problema que existe en España (21,2%), junto con los políticos en general (23%) y el paro (19,6%).

Por su parte en el ámbito europeo, en el último Eurobarómetro de finales de noviembre de 2024[42] se constata igualmente que la vivienda es una de las principales preocupaciones para los españoles, prácticamente triplicando la media europea. Al conjunto de la ciudadanía europea le preocupa sin embargo otra serie de cuestiones, entre las cuales la vivienda no es una de las prioritarias. Garantizar la paz y la estabilidad (44%), asegurar el abastecimiento alimentario, sanitario e industrial (27%), y gestionar la migración (27%) son las prioridades en el corto plazo sobre las cuales se debe actuar para mejorar la vida del conjunto de la ciudadanía europea[43].

En ese sentido, resulta interesante analizar cómo mientras que para los ciudadanos de la UE27 el incremento del coste de vida es la mayor de sus preocupaciones (33%), seguida de la inmigración (20%) y la situación económica general (18%), sin embargo, para los ciudadanos españoles la lista de preocupaciones viene encabezada por la vivienda (35%), seguida muy de cerca por el incremento del coste de vida (30%) y la inmigración (21%), estas dos últimas con una tasa de incidencia similar a la registrada en el resto de la UE27. La vivienda a nivel europeo se sitúa en el quinto puesto de las preocupaciones de los encuestados, con un 13% de incidencia, lo que refleja una situación de partida *a priori* menos tensionada que en el ámbito nacional.

En España la percepción de la vivienda como un problema no solo triplica prácticamente la percepción que hay en la UE27, sino que además ha aumentado significativamente en 18 puntos porcentuales respecto a la primavera de 2024, pasando del quinto puesto en la encuesta anterior al primer puesto en la actual, confirmando con ello que se trata de un asunto cuya preocupación va en aumento.

---

38 Ministerio para la Transición Ecológica y el reto Demográfico (MITECO): Espacios Naturales Protegidos.

39 Gobierno de Canarias, Consejería de Política Territorial, Cohesión Territorial y Aguas: Red de Espacios Naturales Protegidos de Canarias.

40 Ministerio de Asuntos Exteriores, UE y Cooperación: Reservas de la biosfera.

41 CIS: Barómetro de junio 2024: crisis económica (26%), sanidad (23,1%), y vivienda (17,1%).

42 Eurobarómetro Standard 102, Informe nacional España.

43 Standard Eurobarometer 102 - Autumn 2024.

En el ámbito de la Comunidad Autónoma de Canarias la percepción sobre esta problemática se sitúa en términos similares al resto del Estado, aunque en este caso, según el Sociobarómetro de Canarias (SBC) de noviembre de 2024[44], la vivienda se ha visto relegada a un cuarto puesto en el *ranking* de preocupaciones, superada por otras circunstancias aún más acuciantes para la población de las islas como el incremento del coste de vida, el fenómeno migratorio que no cesa, y la sanidad, históricamente lastrada por un déficit de financiación debido a los sobrecostes asociados a la dispersión geográfica y fragmentación territorial propia de la ultraperiferia[45].

1.4. Iniciativas para limitar las adquisiciones de inmuebles en Canarias

En el contexto de la difícil situación en la que se encuentra el mercado inmobiliario canario que hemos descrito, junto con la situación socioeconómica de las islas, que las sitúa en desventaja respecto a otros territorios de la UE, se ha abierto desde hace ya varios años un debate político y social acerca de la posibilidad de explorar la adopción de medidas que de alguna manera pudieran limitar o restringir la compra de inmuebles por parte de extranjeros y de no residentes permanentes en el archipiélago.

Se trata de un debate complejo que se reabre cada cierto tiempo para incorporarlo a la agenda política del momento, y que concita no pocos desafíos ante la necesidad de conciliar una gran diversidad de intereses, a menudo contrapuestos, entre defensores y detractores: entre quienes sostienen que en el archipiélago, como territorio con limitaciones geográficas, debe imponerse una capacidad de carga turística y poblacional máxima, frente a quienes abogan por fomentar el desarrollo pleno de una economía libre de mercado, puesto que Canarias depende en gran medida del turismo, y las limitaciones en la compraventa de inmuebles podría desincentivar la inversión extranjera en el sector, pudiendo acarrear consecuencias negativas en el empleo y en el crecimiento económico de las islas.

Todo ello en el marco de un debate más amplio sobre la posibilidad de limitar no solo la adquisición de propiedades inmobiliarias, sino también la residencia, lo que daría lugar, como veremos, a una colisión frontal con el acervo comunitario, y en particular con una de sus libertades fundamentales, la libertad de circulación y de residencia que reconoce el art. 21 del TFUE a todo ciudadano de la UE.

A lo largo de las últimas décadas se han venido sucediendo numerosas iniciativas en torno a esta problemática, con un denominador común: todas ellas persiguen el objetivo de frenar la especulación inmobiliaria, proteger el acceso a la vivienda de los residentes y preservar la calidad de vida en las islas.

Entre las más recientes, encontramos que en mayo de 2024, el Gobierno canario anunció públicamente el encargo de un estudio jurídico para analizar la viabilidad de una reforma legislativa que permitiera restringir la compra de vivienda en el archipiélago por parte de extranjeros[46]. No se conocen de momento los resultados de dicho estudio ni si arrojaría luz sobre la viabilidad de adoptar medidas eficaces a este respecto. Además el gobierno regional propuso negociar con la UE este nuevo enfoque como una excepción al marco general, sobre la base del estatus especial de Canarias como Región Ultraperiférica de la UE[47].

En esta línea, el presidente regional ha trasladado más recientemente, en noviembre de 2024, esta iniciativa a las instituciones europeas[48], sustentando su posición en la pertinencia de emular los casos de Malta o Finlandia, que como detallaremos en el apartado II.4.1, cuentan con ciertas restricciones a la adquisición de inmuebles por parte de ciudadanos extranjeros: Malta, que se adhirió a la UE en 2005, negoció añadir en un protocolo adicional una disposición que impide a los ciudadanos europeos comprar más de una vivienda en la isla, a menos que sean residentes en el país durante al menos cinco años; mientras que Finlandia, por su parte, con ocasión de su adhesión a

---

44   UNED Gran Canaria: SbC-07. Noviembre 2024.

45   DECISIÓN DE EJECUCIÓN DE LA COMISIÓN C(2017) 8956 final, p.19 y 31: Los sobrecostes públicos (efectos evaluables) en Canarias, que han sido cuantificados, ascendían en 2011 a 1.312 millones de euros, lo que es equivalente al 18,8% del VAB público de Canarias.

46   Europa Press: El Gobierno de Canarias encarga un estudio jurídico para evaluar la limitación de compra de vivienda a extranjeros, 2 de mayo de 2024.

47   Europa Press: Clavijo cree que "es el momento" de negociar con la UE la limitación de compra de vivienda a los extranjeros, 7 de mayo de 2024.

48   Portal de noticias del Gobierno de Canarias: Clavijo traslada a la presidenta del Parlamento europeo la problemática de la vivienda en Canarias, 20 de noviembre de 2024.

la UE en 1995, negoció que se incluyera una restricción en la compra de terrenos o viviendas en el archipiélago de las islas Åland por parte de quienes no tengan la vecindad civil en dichas islas.

Como iniciativa complementaria a una posible limitación de la adquisición de viviendas, el Gobierno de Canarias también ha anunciado que pretende movilizar las viviendas que se encuentren vacías en las islas, como medida que coadyuvaría a mejorar el acceso a la vivienda por parte de la población residente. En este sentido, se han identificado más de 211.000 viviendas vacías en el archipiélago, de entre las cuales aquellas que sean habitables podrían ser objeto de medidas de tipo fiscal o de otra naturaleza para incentivar su puesta en el mercado[49].

Además de las iniciativas de carácter gubernamental e institucional, se han planteado propuestas desde otros sectores de la sociedad canaria. Así por ejemplo, durante las manifestaciones del 20 de abril de 2024 celebradas en todas las islas del archipiélago, que movilizaron a alrededor de 57.000 personas según cifras oficiales, la sociedad civil exigió una regulación efectiva de la vivienda que les garantice el acceso a lo que se considera un derecho básico. Las protestas, lideradas por asociaciones vecinales, sindicatos y movimientos sociales, también demandaron una mayor transparencia en las políticas urbanísticas y un control más estricto sobre el uso de suelo destinado a proyectos turísticos[50]. Como soluciones se ha propuesto la creación de bancos de vivienda pública para facilitar el acceso a alquileres asequibles, campañas que fomenten la rehabilitación de viviendas vacías y su incorporación al mercado del alquiler, y en general una mayor participación ciudadana en la planificación urbanística para garantizar que las necesidades locales sean prioritarias frente a los intereses especulativos.

---

49   Cadena Ser: Canarias filtrará sus 211.000 viviendas vacías para poner en el mercado las habitables, 14 de octubre de 2024.

50   Euronews: Thousands protest in Spain's Canary Islands over mass tourism, 21 de abril de 2024.

Capítulo II. Análisis jurídico

En este capítulo realizaremos en primer lugar un análisis desde un punto de vista jurídico de las libertades fundamentales sobre las cuales se sustenta la noción de mercado único europeo, examinando su alcance y las excepciones que es posible aplicar, como marco conceptual previo desde el cual habría que partir para articular medidas que supongan restricciones a la adquisición de inmuebles.

A continuación haremos un breve análisis de uno de los derechos que resultarían más afectados en caso de que fuese posible aplicar estas restricciones, como es el derecho a la propiedad privada, repasando su evolución histórica así como su configuración actual tanto en el contexto español como en el europeo.

En el siguiente apartado procederemos a confrontar ambas realidades, analizando brevemente cómo interactúan las libertades fundamentales del mercado único con el derecho a la propiedad privada, en particular en el ámbito de las transacciones inmobiliarias transnacionales, es decir, en aquellas compraventas de inmuebles en las que interviene un elemento subjetivo ajeno al ordenamiento jurídico nacional dado que uno de los intervinientes, normalmente el comprador, es un nacional de otro EM de la UE.

Finalizaremos el capítulo realizando un análisis pormenorizado de las limitaciones existentes a la libre adquisición de inmuebles en el marco de las libertades fundamentales en el contexto de la UE, agrupándolas en función del objeto de la restricción y de su vigencia temporal, y examinando los casos más relevantes de la jurisprudencia del TJUE acerca de la compatibilidad con el Derecho de la UE de las medidas restrictivas principalmente en el ámbito de las segundas residencias. Para concluir, expondremos la posición de la Comisión Europea a este respecto, ante la inquietud expresada por algunos miembros del Parlamento Europeo, debido a la preocupación creciente sobre este asunto que ha ido calando poco a poco entre la ciudadanía de la UE.

2.1. Libertades fundamentales del mercado único europeo

2.1.1. Delimitación conceptual y breve evolución histórica

El Mercado Único o Mercado Interior de la Unión Europea es la piedra angular sobre la cual se asienta el proyecto de integración europea desde una perspectiva económica, política y social. Promueve la cohesión entre EEMM y refuerza la competitividad global del viejo continente mediante el fomento de la convergencia de derechos y estándares de calidad. Constituye en la actualidad un motor de crecimiento que proporciona prosperidad a sus empresas y a sus algo más de 448 millones de ciudadanos.

Está basado en la eliminación de barreras al comercio y en el fomento de la movilidad dentro de la UE de sus ciudadanos, promoviendo las condiciones necesarias para facilitar los intercambios comerciales. Persigue como objetivos esenciales, entre otros, potenciar el crecimiento económico mediante el aumento del PIB, la creación de empleo, la promoción de la competencia para ofrecer una mayor variedad de productos y servicios a precios más competitivos, y en definitiva mayores oportunidades para las empresas y consumidores.

El mercado único es el resultado de un proceso gradual de integración que se inició en 1958 con el Tratado de Roma, en el que se estableció el objetivo de crear un "mercado común" que eliminara las barreras comerciales entre los EEMM de ese entonces. Con la unión aduanera de 1968, se avanzó en la eliminación de algunos obstáculos a la libre circulación de mercancías que aún persistían como las cuotas a las importaciones y los aranceles entre EEMM, aunque persistían algunas limitaciones tanto en mercancías como en las otras libertades.

Fue gracias al Acta Única Europea de 1986 que se dio un salto cualitativo en el proceso de integración, al incorporar el concepto de "mercado interior"[51], y al reforzar los mecanismos de adopción de decisiones en ámbitos clave de

---

51   En el art.13 del Acta Única Europea se define el mercado interior como *"un espacio sin fronteras interiores, en el que la libre circulación de mercancías, personas, servicios y capitales esté garantizada"*. Esta definición se mantiene en la actualidad en el párrafo segundo del art.26 del TFUE (antiguo artículo 14 del TCE).

ese mercado. Se promovió de manera significativa la aproximación de legislaciones nacionales, estableciendo al mismo tiempo un cronograma concreto para su efectiva culminación el 1 de enero de 1993. Supuso por tanto la superación del enfoque netamente económico que hasta ese momento perseguían los objetivos previstos en los Tratados originarios, abriéndose la puerta a una integración más amplia, que abarcaba también objetivos políticos.

Con el paso del tiempo y con la incorporación de nuevos EEMM a la UE, el mercado único ha seguido evolucionando para adaptarse a los objetivos y a los retos planteados, avanzando en el proceso continuo de eliminación de obstáculos no arancelarios (normas nacionales discriminatorias o medidas que indirectamente pudieran dificultar el libre intercambio de bienes y servicios), en la proscripción de barreras a la libre circulación basada en el principio de no discriminación por razón de la nacionalidad (art. 18 del TFUE), en la prohibición de prácticas restrictivas de la competencia, en el desarrollo del principio de reconocimiento mutuo, así como en el impulso de técnicas de armonización normativa a través de la normalización o creación de estándares comunes o la eliminación de normas divergentes. Todo ello complementado desde una perspectiva más política con el fortalecimiento de la noción de identidad común, mediante la introducción con el Tratado de Maastricht de 1992 del concepto de "ciudadanía europea", como medida para reforzar aún más la libre circulación de personas entre EEMM.

Se articula a través de las siguientes libertades fundamentales clásicas:

- *Libre circulación de mercancías* (arts. 28 a 37 TFUE), que supone la eliminación de derechos de aduana y restricciones cuantitativas en el comercio entre EEMM, la prohibición de toda medida de efecto equivalente, incluyendo tributos internos discriminatorios, y el establecimiento de un arancel aduanero común aplicable a las importaciones procedentes de terceros países en el marco de la Política Comercial común, todo ello con el fin último de promover el comercio intracomunitario y la reducción de los precios aplicables a los consumidores.

- *Libre circulación de personas* (arts. 45 a 48 TFUE), que garantiza a quienes se encuentren de manera regular en la UE el derecho a circular y residir libremente en cualquier EM, y cuyo máximo exponente es el denominado "Espacio Schengen" que garantiza la movilidad sin controles fronterizos entre los países que forman parte del mismo[52], basado en un sistema integrado de gestión de fronteras exteriores, una política común de visados, una política común en materia de asilo y protección temporal, y una política común en materia de migración.

A su vez, esta libertad se concreta para los ciudadanos de la UE en la *libre circulación de trabajadores*, que garantiza el derecho a trabajar en cualquier EM sin discriminación por razón de la nacionalidad.

- *Libertad de establecimiento* (arts. 49 a 55 TFUE) y *libre prestación de servicios* (arts. 56 a 62 TFUE), que permiten a las empresas y profesionales establecerse de manera permanente y prestar servicios de manera temporal en cualquier EM, en igualdad de condiciones con los nacionales y con las personas jurídicas del EM de acogida, con el objetivo de fomentar con ello la competencia, la innovación y la creación de empleo en el sector servicios.

- *Libre circulación de capitales* (arts. 63 a 66 TFUE), que supone la eliminación de las restricciones a los movimientos de capitales y pagos entre EEMM y entre estos y terceros países, al objeto de facilitar la inversión transfronteriza, su escalabilidad y la diversificación en la obtención de fuentes de financiación de proyectos así como el desarrollo de un mercado financiero europeo más integrado y eficiente. Además ofrece como ventajas una mayor eficiencia en la asignación de recursos, ya que permite que el capital fluya hacia donde se necesita y hacia donde se ofrece una mayor rentabilidad, lo que redunda en una reducción de los costes de financiación para empresas y particulares al facilitarles el acceso a una mayor variedad de fuentes de financiación, impulsando al mismo tiempo la competencia en el sector financiero en beneficio de los consumidores y usuarios, y fomentando la innovación en productos y servicios financieros.

Por lo que respecta al objeto de análisis del presente trabajo, según reiterada jurisprudencia del TJUE, las "operaciones inmobiliarias en virtud de las cuales un ciudadano no residente en un EM realiza inversiones inmobiliarias en el mismo", se encuentran comprendidas dentro de los movimientos de capitales, tal y como se desprende de la nomenclatura de los movimientos de capitales recogida en el Anexo I de la Directiva 88/361/CEE del Consejo, de 24

---

52 Actualmente engloba 25 de los 27 EEMM de la UE, más los 4 miembros de la Asociación Europea de Libre Comercio-AELC (Islandia, Liechtenstein, Noruega y Suiza), con más de 420 millones de personas.

de junio de 1988. Dicho de otro modo, el derecho a adquirir, a explotar y a enajenar bienes inmuebles en el territorio de otro EM genera movimientos de capitales cuando se ejerce[53].

Como puede observarse, la Directiva 88/361 mencionada sigue siendo relevante para la libre circulación de capitales en tanto el TJUE sigue utilizando la nomenclatura que figura en su Anexo I para interpretar las disposiciones actuales del TFUE sobre esta libertad fundamental, en particular para definir el concepto de "capital". Su nomenclatura es lo suficientemente amplia como para comprender todo tipo de inversiones, y clasifica los movimientos de capitales en función de la naturaleza económica de los activos y pasivos a los que se refieren, tanto si están denominados en moneda nacional como en divisas, constituyendo por tanto una herramienta útil para interpretar las disposiciones vigentes sobre esta libre circulación.

Más allá de estas cuatro libertades tradicionales, en el contexto actual de globalización y de rápidos avances tecnológicos, se ha venido a identificar desde hace ya casi dos décadas la necesidad de trabajar en lo que vendría a ser la quinta libertad[54], la denominada *libre circulación del conocimiento*, que aunque no reconocida formalmente al mismo nivel que las cuatro libertades clásicas, sin embargo se ha convertido en una prioridad estratégica para la UE, especialmente en el marco de la economía digital. A través de la misma se pretende facilitar la integración a escala europea del conocimiento, la investigación y las tecnologías, mediante el fomento de la movilidad de investigadores y profesionales para promover el intercambio de talento, el acceso y uso compartido de datos para impulsar la colaboración en I+D, el fortalecimiento de la digitalización a través de proyectos paneuropeos en áreas clave y el impulso del aprendizaje transfronterizo. El objetivo último es reducir las disparidades regionales en innovación y sobre todo crear un ecosistema único de investigación e innovación que impulse la transición hacia una economía más sostenible basada en el conocimiento, aspecto éste último esencial para mantener la competitividad global de la UE en el contexto actual de pérdida de peso relativo de la economía europea[55].

De momento, y a falta de positivación en el Derecho de la UE, esta quinta libertad a la que nos hemos referido, no es más que una propuesta, una mera expectativa que prevé reforzar la dimensión competitiva del mercado único, como espacio compartido de prosperidad al que aspira seguir siendo la UE en los próximos años.

2.1.2.Excepciones a las libertades fundamentales del mercado único

Una vez hecho este breve repaso sobre el marco conceptual del mercado interior y el alcance de sus diferentes dimensiones, conviene poner de relieve que estas libertades fundamentales clásicas no son absolutas, y por tanto caben excepciones en su aplicación, siempre que se den una serie de requisitos:

– que estén *justificadas*, es decir, debe tratarse de medidas necesarias para lograr el objetivo que se persigue y que obedezcan a intereses legítimos de los EEMM, a saber, la protección de un objetivo de interés general reconocido por la UE, evitando la imposición de restricciones discriminatorias o arbitrarias,

– que sean *proporcionadas* al objetivo que se persigue, lo que implica que debe ponderarse que no existen otras medidas menos restrictivas que puedan servir para alcanzar el mismo objetivo, así como que la medida a implantar es adecuada por cuanto que no va más allá de lo necesario para la consecución de fin que se persigue.

En este punto interesa detenernos para describir brevemente el *test de proporcionalidad,* como mecanismo a aplicar para determinar en estos casos si una restricción a las libertades fundamentales estaría justificada: como punto de partida, este test requiere que la medida nacional o regional objeto de examen sea adecuada y necesaria para alcanzar un objetivo legítimo, y para ello se realiza en primer lugar un análisis de *idoneidad* al objeto de verificar que la medida es adecuada para alcanzar el objetivo legítimo, es decir, que es susceptible de contribuir a la consecución

---

53 Sentencia del Tribunal de Justicia (Sala Primera) de 1 de octubre de 2009, C-567/07, asunto *Woningstichting Sint Servatius*, ECLI:EU:C:2009:593, ap. 20; Sentencia del Tribunal de Justicia de 5 de marzo de 2002, asuntos acumulados C-515/99, C-519/99 a C-524/99 y C-526/99 a C-540/99, *Reisch y otros*, ECLI:EU:C:2002:135, ap. 29; Sentencia del Tribunal de Justicia de 25 de enero de 2007, C-370/05, asunto *Festersen*, ECLI:EU:C:2007:59, ap. 22.

54 Letta E.: Much more than a market - Speed, Security, Solidarity. Empowering the Single Market to deliver a sustainable future and prosperity for all EU Citizens, 2024, pp. 7 y 19.

55 Draghi, Mario: The future of European competitiveness, Part A | A competitiveness strategy for Europe, 2024, p. 13.

del fin perseguido. Esta primera fase iría seguida de un segundo análisis, en este caso de *necesidad*, para averiguar si la medida debe ser necesaria para alcanzar el objetivo legítimo, de tal manera que debe demostrarse que no existe otra alternativa menos restrictiva que pueda lograr el mismo resultado. En relación con este aspecto la jurisprudencia del TJUE es particularmente estricta, puesto que se evita a toda costa que se adopten y se consoliden medidas que impliquen un proteccionismo encubierto, que favorezcan a las empresas o sectores nacionales en detrimento de los extranjeros. Por ello, a veces se requiere el examen desde un punto de vista de la *seguridad jurídica*, para evitar que se adopten medidas que resulten arbitrarias, que no se sujeten a criterios claros y conocidos previamente por parte del ciudadano, que pudieran dar lugar a la postre a situaciones de indefensión en tanto no sea posible para los particulares defender sus intereses en base a un marco normativo cierto y de aplicación uniforme. Finalmente, en ocasiones resulta necesario ampliar este análisis con un criterio complementario, que evalúe si el grado de restricción es *razonable* en relación al beneficio a conseguir.

Entrando ya a analizar caso por caso la tipología de las limitaciones de cada una de las libertades fundamentales, encontramos por ejemplo, que la *libre circulación de personas* se puede limitar por razones de orden público, seguridad y salud públicas, es decir, cuando esté en riesgo la integridad territorial del Estado, o bien en situaciones de emergencia debido a una súbita entrada de nacionales de terceros Estados.

La *libre circulación de trabajadores* por su parte no se aplica por ejemplo en el acceso al empleo en la administración pública según dispone el propio art. 45.4 del TFUE; ahora bien, según ha matizado el TJUE, se considera que una medida nacional restrictiva no se opondría al Derecho de la UE, siempre y cuando se refiera a un empleo público que implique el ejercicio de poderes públicos o funciones que tienen por objeto la salvaguarda de los intereses generales del Estado (fuerzas armadas, policía, diplomacia), o bien cuando existan razones lingüísticas, como por ejemplo si el trabajador no tuviese el conocimiento lingüístico necesario para desempeñar el puesto, o bien por razones de orden público, seguridad y salud públicas[56].

En cuanto a la *libertad de establecimiento* y a la *libre prestación de servicios*, al igual que en el caso anterior, quedan excluidas las actividades relacionadas con el ejercicio de poder público, pudiendo por tanto introducirse limitaciones por la aplicación excepcional de medidas nacionales que prevean un régimen especial para los extranjeros y que estén justificadas por razones de orden público, seguridad y salud públicas, y por razones imperiosas de interés general. Quedan excluidos también de este marco general los servicios de transporte que se rigen por las disposiciones específicas que lo regulan en el título VI de la Tercera parte (arts. 90 a 100 del TFUE), y los servicios bancarios y de seguros vinculados a los movimientos de capitales, que se rigen por las disposiciones que regulan la libre circulación de capitales (art. 58.2 del TFUE).

Por lo que respecta a la *libre circulación de capitales y pagos*, es posible adoptar medidas restrictivas o mantener algunas de las restricciones vigentes, siempre que sean coherentes con alguna de las finalidades tasadas que se recogen en el TFUE y con la jurisprudencia del alto tribunal europeo al respecto. En consecuencia, en relación con esta libertad fundamental, los EEMM pueden establecer:

– Medidas de naturaleza fiscal, que distingan entre contribuyentes según su lugar de residencia o en función del lugar en el que se realiza la inversión del capital (art. 65.1.a) TFUE)

– Medidas destinadas a la prevención de infracciones establecidas en su legislación nacional, en particular en materia de control fiscal y de supervisión prudencial de entidades financieras (art. 65.1.b) TFUE).

– Medidas de control de movimientos de capital con fines administrativos o estadísticos, pudiendo establecer procedimientos de declaración con fines informativos de dichos movimientos de capital (art. 65.1.b) TFUE).

– Medidas para la protección del orden público y de la seguridad pública (art. 65.1.b) TFUE), en la misma línea de lo que ya se preveía para la libre circulación de mercancías en el art. 36 TFUE, para la libre circulación de trabajadores en el art. 45.3 del TFUE, o para la libertad de establecimiento en el art. 52 del TFUE.

---

56   Sentencia del Tribunal de Justicia de 12 de febrero de 1974, C-152/73, asunto Sotgiu, ECLI:EU:C:1974:13; Sentencia del Tribunal de Justicia de 17 de diciembre de 1980, C-149/79, asunto Comisión v. Bélgica, ECLI:EU:C:1980:297; Sentencia del Tribunal de Justicia de 28 de noviembre de 1989, C-379/87, asunto Groener, ECLI:EU:C:1989:599; Sentencia del Tribunal de Justicia de 3 de julio de 1986, C-66/85, asunto Lawrie-Blum, ECLI:EU:C:1986:284.

– Restricciones en materia de movimientos de capitales hacia/desde terceros países, en aspectos relacionados con las inversiones directas (en donde están incluidas las inversiones inmobiliarias), o el establecimiento y la prestación de servicios financieros o la admisión de valores en los mercados de capitales, siempre que las medidas restrictivas se encontraran vigentes a fecha 31 de diciembre de 1993, salvo para Bulgaria, Estonia y Hungría, que pueden mantener sus respectivas disposiciones nacionales vigentes a fecha 31 de diciembre de 1999 (art. 64.1 TFUE)[57].

Además, el TFUE atribuye al Consejo en circunstancias excepcionales, la facultad de adoptar medidas temporales de salvaguardia para hacer frente a dificultades graves que puedan afectar al funcionamiento de la Unión Económica y Monetaria (UEM) causadas por movimientos de capitales con destino a terceros países o procedentes de ellos (art. 66 TFUE).

Igualmente, de manera también excepcional, y siguiendo un procedimiento especial, se permite al Consejo adoptar medidas que supongan un retroceso en el proceso de liberalización de la libre circulación de capitales respecto a terceros países (art. 64.3 TFUE), lo que da muestra una vez más de lo sensible que es esta materia para los intereses de los EEMM de la UE.

Del mismo modo se atribuye al Consejo igualmente de manera excepcional, la facultad para limitar la libre circulación de capitales y pagos con el fin de prevenir el blanqueo de capitales, o bien en el marco de la lucha contra el terrorismo y su financiación, mediante la inmovilización de fondos, activos financieros o beneficios económicos vinculados con actividades delictivas de esta naturaleza (art.75 TFUE).

Como se ha podido observar, en el caso de las excepciones a la libre circulación de capitales, estamos ante una regulación bastante exhaustiva, que proporciona un marco que ofrece un alto grado de seguridad y rigor jurídico y que permite a las autoridades públicas y a los operadores económicos disponer de un marco de conocimiento previo bastante preciso acerca de cuáles son las reglas del juego admisibles, y por tanto de cuáles son los límites que han de respetarse en cada caso.

Esta batería de limitaciones de base normativa, ha sido complementada, como veremos, con la jurisprudencia del TJUE, que tras el análisis casuístico de la adecuación al Derecho de la UE de diferentes medidas nacionales objeto de controversia, ha venido dibujando a lo largo de los años una serie de objetivos que pueden considerarse legítimos para el establecimiento de medidas restrictivas por parte de los EEMM. En base a ello, las autoridades nacionales y regionales podrían *a priori* sugerir cualquier objetivo público razonable para tratar de justificar ciertas restricciones, siempre que no sean discriminatorias. Con todo, sobre la base de la denominada "regla de la razón", el TJUE ha venido reconociendo como objetivos legítimos por ejemplo la protección del medio ambiente[58], la promoción de la investigación y el desarrollo[59], o la salvaguarda de la vivienda pública[60].

En todo caso, hay que tener en cuenta que la línea jurisprudencial marcada por el TJUE se sitúa claramente en una interpretación *lato sensu* de las prohibiciones a las restricciones de las libertades fundamentales del mercado único, complementada con una interpretación *stricto sensu* de estas excepciones enumeradas. Por tanto, hay que ser cautos a la hora de analizar la viabilidad de una medida que, parafraseando al Tribunal en su Sentencia Keck de 1993[61], pudiera suponer, directa o indirectamente, de manera real o potencial, una restricción a alguna de estas

---

57   Es la denominada "cláusula del abuelo" ("*grandfather's clause*"), que permite mantener la continuidad de ciertas situaciones jurídicas vigentes antes de la entrada en vigor de una nueva disposición, para proteger derechos adquiridos y evitar situaciones disruptivas respecto a la situación preexistente.

58   Op. Cit. Sentencia *Reisch y otros*, ap. 34.

59   Sentencia del Tribunal de Justicia (Sala Tercera) de 10 de marzo de 2005, C-39/04, asunto *Laboratoires Fournier*, ECLI:EU:C:2005:161, ap. 23

60   Sentencia del Tribunal de Justicia (Sala Primera) de 8 de mayo de 2013, asuntos acumulados C-197/11 y C-203/11, Libert y otros, ECLI:EU:C:2013:288, ap. 52.

61   Sentencia del Tribunal de Justicia de 24 de noviembre de 1993, C-267/91 y C-268/91, asunto Keck, ECLI:EU:C:1993:905, ap. 16: "*En cambio, procede declarar, en contra de lo que hasta ahora se ha venido juzgando, que la aplicación a productos procedentes de otros Estados miembros de disposiciones nacionales que limiten o prohíban ciertas modalidades de venta no es susceptible de obstaculizar directa o indirectamente, real o potencialmente, el comercio entre los Estados miembros en el sentido de la jurisprudencia Dassonville (sentencia de 11 de julio de 1974, 8/74, Rec. p. 837), siempre que dichas disposiciones se apliquen a todos los operadores afectados que ejerzan su actividad en el territorio nacional, y siempre que afecten del mismo modo, de hecho y de Derecho, a la comercialización de los productos nacionales y a la de los procedentes de otros Estados miembros*".

libertades fundamentales del mercado interior, pudiendo llegar a considerarse que la medida es compatible con el Derecho de la UE, siempre que la misma se aplique de manera homogénea sin distinción por razón del EM de procedencia del producto o servicio, o por razón de nacionalidad, y siempre que no constituya una restricción excesiva o desproporcionada.

A este respecto, conviene recordar que, como dijimos al comienzo de este apartado, cualquier restricción a las libertades fundamentales del mercado interior debe responder a *intereses legítimos*, debe estar *justificada*, y debe además ser *proporcionada* al objetivo que se persigue, es decir, no debe ir más allá de lo necesario para alcanzar el objetivo perseguido.

En ese sentido, el TJUE juega un papel fundamental, al asegurar que la interpretación y aplicación de estas restricciones no se apliquen de forma discriminatoria o desproporcionada, tal y como veremos en el apartado II.4.2 siguiente dedicado a la evolución de su jurisprudencia a este respecto.

2.2. Derecho a la propiedad privada

2.2.1. Evolución histórica

El derecho a la propiedad privada tiene una naturaleza jurídica compleja ya que combina diferentes aspectos derivados por una parte de su reconocimiento como un derecho subjetivo, y por otra, de su condición como institución jurídica concebida para lograr el equilibrio entre los intereses individuales y las necesidades sociales, en aras de garantizar un marco de convivencia basado en la justicia y en el interés general.

Se trata de un derecho arraigado en las tradiciones constitucionales de los EEMM, que sitúa sus orígenes en la concepción romana de la teoría de la ocupación[62], y que proyecta su concepción hasta la Edad Media en un planteamiento teológico de base cristiana[63]. Sin embargo, no es hasta la Ilustración cuando surge la noción según la cual se le encomienda al Estado la tarea de garantizar la propiedad privada del individuo.

Las primeras codificaciones de este derecho aparecen con la Declaración francesa de los derechos del hombre y del ciudadano de 1789, y en la *Bill of Rights* norteamericana de 1791. Su evolución posterior ha sido algo compleja, con la irrupción a principios del siglo XX de postulados radicales tras la revolución bolchevique de 1917 que proponían la abolición de la propiedad privada para sustituirla por la propiedad colectiva de los medios de producción, con el fin de eliminar las desigualdades sociales y económicas propias del sistema capitalista. Llegamos así hasta la segunda mitad del siglo XX, en un difícil contexto de posguerra con una Europa dividida, en la que su parte más oriental se encontraba fuertemente condicionada por el influjo de la órbita soviética.

Es en parte debido a esta compleja evolución histórica por lo que no se incluyó ninguna referencia a la propiedad privada en el *Pacto Internacional por los Derechos Civiles y Políticos* de 1966; sin embargo, sí que encontramos una mención explícita en la *Declaración Universal de los Derechos Humanos* de Naciones Unidas de 1948, en un ejercicio de responsabilidad en defensa de la integridad y la dignidad humana, frente a las atrocidades cometidas durante el Holocausto nazi, en el que se confiscaron numerosas propiedades de la población judía.

2.2.2. Contexto español

El derecho a la propiedad privada en España se reconoce en el artículo 33 de la Constitución de 1978, en la rúbrica dedicada a los "Derechos y deberes de los ciudadanos" (Título I, Capítulo Segundo, Sección Segunda) articulándose en una triple vertiente: por una parte se reconoce el derecho a la propiedad privada y a la herencia; por otra parte, su contenido se determinará por la función social que estos derechos deben cumplir de acuerdo con lo que dispongan las leyes; finalmente se establece el marco en base al cual este derecho puede someterse a limitaciones,

---

62   *Occupatio res nullius* vs. *Occupatio res derelictae.*

63   Doctrina tomista del "uso común de los bienes".

que solo pueden obedecer a causa justificada de utilidad pública o interés social, garantizándose en tal caso la correspondiente indemnización o justiprecio de acuerdo con lo dispuesto en la legislación vigente.

A pesar de su reconocimiento constitucional, en el ordenamiento jurídico español el derecho a la propiedad privada no goza de la protección cualificada que se predica de los derechos fundamentales *stricto sensu*. A este respecto, según reiterada jurisprudencia del Tribunal Constitucional, el concepto de derechos fundamentales debe interpretarse de forma restrictiva, identificándose únicamente con aquellos incluidos en la Sección Primera del Capítulo Segundo del Título I de la Constitución (artículos 15 a 29), junto con el derecho a la objeción de conciencia reconocido en el art. 30.2, quedando por tanto excluido, entre otros, el derecho a la propiedad privada, que se encuentra recogido en la Sección Segunda del mismo Capítulo[64].

Con todo, el derecho a la propiedad privada goza de una protección constitucional reforzada como consecuencia de su inclusión en el Título I de la Constitución, ya que vincula a todos los poderes públicos, que están obligados a garantizar su ejercicio; es objeto de reserva de ley, de manera que cualquier limitación al mismo debe establecerse mediante norma con rango de ley, lo que asegura un mayor nivel de protección frente a eventuales injerencias arbitrarias; y está sujeto a la función social de la propiedad, que limita su contenido en atención a las necesidades e intereses del conjunto de la sociedad, permitiéndose modular su ejercicio mediante medidas destinadas por ejemplo a la protección medioambiental, a la redistribución de riqueza, o a la ordenación urbanística. La función social se configura por tanto como un límite interno al derecho, que busca compatibilizar, como ya mencionamos, el interés individual del propietario con el interés general.

2.2.3. Contexto europeo

En la actualidad este derecho se garantiza en las Constituciones de todos los EEMM, si bien con límites específicos derivados de la moderna concepción del Estado de Derecho como un Estado social, en donde la función social de la propiedad delimita su contenido, como ya hemos comentado. Incluso en algunas Constituciones de EEMM de la UE se reconoce expresamente el derecho a la propiedad privada de los no nacionales del país[65].

En el Derecho originario de la UE encontramos en el art. 345 del TFUE[66] una referencia relevante al derecho a la propiedad privada, previsión que viene a reforzar la autonomía nacional sobre el régimen de la propiedad, ya que implica que el Derecho de la UE *a priori* no interfiere ni prejuzga la regulación nacional del régimen de la propiedad, y que viene a ser una expresión de la tradicional regla del Derecho internacional privado *lex rei sitae*, según la cual la ley aplicable a los bienes inmuebles es la del lugar donde dichos bienes se encuentran situados.

Por tanto, a la vista de esta previsión, cada EM conserva su autonomía para decidir cómo organizar y gestionar la propiedad (pública o privada) en su respectivo ordenamiento jurídico. Este enfoque ha sido históricamente interpretado como un reconocimiento del *principio de neutralidad* del Derecho de la UE respecto al régimen de propiedad en los EEMM[67].

Ahora bien, no es un escudo absoluto frente a la aplicación del Derecho de la UE, ya que el TJUE ha precisado con claridad en su jurisprudencia que esta neutralidad no exime a los EEMM de cumplir con las obligaciones del Derecho de la UE, en particular con las libertades fundamentales del mercado interior. Dicho de otro modo, no puede invocarse el Derecho nacional para justificar restricciones contrarias a las libertades fundamentales del mercado único, entre ellas en particular, la libre circulación de capitales consagrada en el art. 63 del TFUE[68].

---

64   STC 11/1981, de 8 de abril, ECLI:ES:TC:1981:11; STC 37/1987, de 26 de marzo, ECLI:ES:TC:1987:37; STC 75/1983, de 3 de agosto, ECLI:ES:TC:1983:75; STC 53/1985, de 11 de abril, ECLI:ES:TC:1985:53; STC 84/1982, de 23 de diciembre, ECLI:ES:TC:1982:84.

65   Art. 48 de la Constitución de la República de Croacia, art. 68 de la Constitución de la República de Eslovenia, art. 44 de la Constitución de Rumanía, y art. 22 de la Constitución de la República de Bulgaria.

66   *Los Tratados no prejuzgan en modo alguno el régimen de la propiedad en los Estados miembros* (antiguo artículo 295 del TCE).

67   Sentencia del Tribunal de Justicia (Gran Sala) de 22 de octubre de 2013, asuntos acumulados C-105/12 a C-107/12, Staat der Nederlanden / Essent y otros, ECLI:EU:C:2013:677, ap. 29.

68   Ibidem, ap. 36.

Se trata de una línea jurisprudencial largamente consolidada que vela por el mantenimiento de la homogeneidad del marco aplicable al mercado interior, sobre la base del respeto a las reglas fundamentales del TFUE, la no discriminación, la libertad de establecimiento y la libre circulación de capitales[69].

En cuanto al alcance de esas restricciones, la jurisprudencia del TJUE ha establecido de forma consistente que el derecho a la propiedad privada puede ser objeto de ellas, siempre y cuando estas no constituyan una *"intervención desmesurada e intolerable en las prerrogativas del propietario que vulneren la esencia misma del derecho de propiedad"*[70]. Además, cualquier medida que afecte al derecho de propiedad debe respetar los principios de legalidad, necesidad y proporcionalidad, lo que se traduce desde un punto de vista práctico en los siguientes aspectos:

– El respeto del *principio de legalidad* implica que cualquier restricción al derecho de propiedad debe estar fundamentada en una norma con rango de ley, y esta debe ser clara, precisa y accesible para los ciudadanos.

– El *principio de necesidad* exige que la medida restrictiva sea imprescindible para la consecución de un objetivo legítimo de interés general, no pudiendo por tanto adoptarse medidas que restrinjan la propiedad si existieran otras alternativas menos lesivas para lograr el mismo objetivo.

– Mientras que el *principio de proporcionalidad* determina que la medida restrictiva debe ser adecuada para alcanzar el objetivo perseguido, pero también debe ser la menos gravosa posible para los afectados, intentando con ello encontrar el equilibrio entre la protección del interés general y el respeto al derecho individual de propiedad.

Por otra parte, desde el ámbito de la protección de los Derechos Humanos, también encontramos una referencia relevante a la propiedad privada en el artículo 17 de la Carta de los Derechos Fundamentales de la UE (CDFUE)[71], en el título II dedicado a las Libertades del individuo, lo que le asegura por tanto la misma protección que la que se le otorga al resto de derechos civiles, políticos, económicos, sociales y culturales que encuentran amparo en la Carta.

Además también lo encontramos recogido en el artículo 1 del Protocolo adicional al Convenio Europeo de Derechos Humanos (CEDH)[72], con un contenido y un nivel de protección similar a la actual redacción del artículo 17 de la CDFUE. A este respecto, cabe recordar que el apartado 3 del artículo 52 de la CDFUE indica que los derechos reconocidos en esta última tendrán el mismo sentido y alcance que los correspondientes en el CEDH, garantizando por tanto una coherencia jurídica entre ambos textos, pero dejando abierta al mismo tiempo la posibilidad de que el Derecho de la UE pueda proporcionar una protección más amplia que la que otorga el CEDH.

No es baladí esta referencia en ambos instrumentos normativos de protección de los Derechos Humanos al más alto nivel en el contexto europeo, no solo porque la CDFUE, en virtud de lo que dispone el artículo 6.1 del TUE, sea vinculante para los EEMM desde la entrada en vigor del Tratado de Lisboa en 2009, al mismo nivel que los Tratados, sino además porque tal y como ha venido reconociendo la jurisprudencia del TJUE, cuando los EEMM adoptan medidas de ámbito nacional que implican una restricción a las libertades fundamentales del mercado único (las

---

69   Sentencias del Tribunal de Justicia de 6 de noviembre de 1984, C-182/83, asunto Fearon, ECLI:EU:C:1984:335, ap. 7; de 1 de junio de 1999, C-302/97, asunto Konle v Austria, ECLI:EU:C:1999:271, ap. 38; de 23 de septiembre de 2003, C-452/01, asunto Ospelt y Schlössle Weissenberg, ECLI:EU:C:2003:493, ap. 24; de 8 de julio de 2010, C-171/08, asunto Comisión v Portugal, ECLI:EU:C:2010:412, ap. 64; de 21 de diciembre de 2011, C-271/09, asunto Comisión v Polonia, ECLI:EU:C:2011:855, ap. 44; de 8 de noviembre de 2012, C-244/11, Comisión v Grecia, ECLI:EU:C:2012:694, ap. 16.

70   Sentencia del Tribunal de Justicia de 13 de diciembre de 1979, C-44/79, asunto Hauer, ECLI:EU:C:1979:290, ap. 23.

71   Carta de los Derechos Fundamentales de la UE (CDFUE), art. 17.1: *Toda persona tiene derecho a disfrutar de la propiedad de los bienes que haya adquirido legalmente, a usarlos, a disponer de ellos y a legarlos. Nadie puede ser privado de su propiedad más que por causa de utilidad pública, en los casos y condiciones previstos en la ley y a cambio, en un tiempo razonable, de una justa indemnización por su pérdida. El uso de los bienes podrá regularse por ley en la medida en que resulte necesario para el interés general.*

72   Protocolo adicional al Convenio Europeo de Derechos Humanos (CEDH), artículo 1: *Toda persona física o jurídica tiene derecho al respeto de sus bienes. Nadie podrá ser privado de su propiedad sino por causa de utilidad pública y en las condiciones previstas por la ley y los principios generales del Derecho Internacional. Las disposiciones precedentes se entienden sin perjuicio del derecho que tienen los Estados de dictar las leyes que estimen necesarias para la reglamentación del uso de los bienes de acuerdo con el interés general o para garantizar el pago de los impuestos, de otras contribuciones o de las multas.*

denominadas "*derogation situations*"), la justificación que invoquen no solo ha de ser compatible con el Derecho de la UE, sino que además debe ser coherente con los derechos fundamentales reconocidos en la CDFUE[73].

2.3. Régimen de interacción entre libertades fundamentales y derecho a la propiedad privada

En principio las libertades fundamentales del mercado único europeo que ya hemos descrito en el apartado II.1 del presente capítulo (libre circulación de mercancías, libre circulación de personas y de trabajadores, libertad de establecimiento y libre prestación de servicios, y libre circulación de capitales) deben garantizar que las transacciones inmobiliarias transnacionales se realicen sin restricciones, es decir, dispensando el mismo trato y las mismas garantías de seguridad jurídica que se le daría si la transacción se produjese entre nacionales de un mismo EM.

En este sentido, son numerosas las sentencias del TJUE que afirman, como ya hemos comentado, que aunque los EEMM tienen autonomía para determinar su régimen de propiedad, esta autonomía debe ejercerse no obstante respetando las libertades fundamentales consagradas en los Tratados.

Ahora bien, no todas las libertades fundamentales se encuentran afectadas de igual modo ante una limitación a la adquisición de bienes inmuebles. En algunas de ellas la relación de interacción es más profunda, puesto que la naturaleza de la actividad que se restringe está más directamente vinculada con el ejercicio de dichas libertades, como veremos a continuación:

En la *libre circulación de trabajadores*, puesto que implica el derecho de todo ciudadano de la UE a trabajar en otro EM y a residir en él junto con su familia, y a recibir así el mismo trato que los trabajadores nacionales, debe necesariamente suponer también su derecho a acceder libremente al mercado inmobiliario. Desde un punto de vista práctico, poder ejercer de manera efectiva el derecho a residir en otro EM con objeto de ejercer en él un empleo, tal y como reconoce expresamente el art. 45.3 letra c) del TFUE, ha de suponer necesariamente el acceso al mercado inmobiliario, sea como arrendatario de una vivienda en alquiler, sea como propietario. Esta misma conclusión puede inferirse igualmente del art. 9 del Reglamento (UE) n° 492/2011, del Parlamento Europeo y del Consejo, de 5 de abril de 2011, relativo a la libre circulación de trabajadores dentro de la UE, que se refiere al derecho al acceso a la propiedad de la vivienda que necesite el trabajador, en tanto ciudadano de la UE que ejerce la libre circulación de trabajadores en otro EM.

La *libertad de establecimiento* en lo que respecta a la adquisición de inmuebles supone la ausencia de restricciones para los no nacionales en el acceso a bienes raíces necesarios para trabajar y para vivir en el EM de acogida. Así se deduce de la previsión contenida expresamente en el art. 50.2 letra e) del TFUE, y así lo ha reconocido la jurisprudencia del alto tribunal europeo al haber dictaminado que la prohibición de no discriminación por razón de nacionalidad no solo afecta al ejercicio de las actividades profesionales, sino también al resto de facultades generales que son útiles para el ejercicio de dichas actividades, mencionando expresamente la facultad de adquirir, explotar o enajenar bienes inmuebles[74]. Del mismo modo ha reconocido igualmente que el derecho a adquirir, explotar y enajenar bienes inmuebles en el territorio de otro EM es el complemento necesario de la libertad de establecimiento[75].

En lo que respecta a la *libre prestación de servicios*, aunque los Tratados no recogen expresamente el derecho al acceso a la propiedad inmobiliaria para los ciudadanos de la UE que prestan servicios en otro EM (a diferencia de lo que sí ocurre para quienes ejercen la libertad de establecimiento, como ya se ha mencionado), el TJUE ha sentenciado que "*no se puede excluir a los prestadores de servicios del beneficio del principio fundamental que prohíbe la discriminación en materia de acceso a la propiedad y al uso de bienes inmuebles*"[76]. Queda claro por tanto que

---

73   Sentencias del Tribunal de Justicia de 18 de junio de 1991, C-260/89, asunto ERT/DEP, ECLI:EU:C:1991:254, ap. 43; de 26 de junio de 1997, C-368/95, asunto Vereinigte Familiapress Zeitungsverlags-und vertriebs GmbH/Bauer Verlag, ap. 24; de 11 de julio de 2002, C-60/00, asunto Carpenter, ECLI:EU:C:2002:434, ap. 40; de 27 de abril de 2006, C-441/02, asunto Comisión/Alemania, EU:C:2006:253, apdo. 108.

74   Sentencia del Tribunal de Justicia de 14 de enero de 1988, C-63/86, asunto Comisión v Italia, ECLI:EU:C:1988:9, ap. 14.

75   Sentencia del Tribunal de Justicia de 30 de mayo de 1989, C-305/87, asunto Comisión v Grecia, ECLI:EU:C:1989:218, ap. 22.

76   Ibidem, ap. 26.

quienes ejercen la libre prestación de servicios deben poder acceder al mercado inmobiliario en igualdad de condiciones respecto a los nacionales del EM de destino.

Ahora bien, es sin duda la *libre circulación de capitales* la que más directamente resulta alterada por las limitaciones a las adquisiciones transnacionales de inmuebles, ya que las restricciones que se impongan pueden llegar a obstaculizar o incluso a impedir directamente la posibilidad de transferir fondos o realizar inversiones transfronterizas. En este sentido, el TJUE ha dictaminado que el examen del alcance de las medidas de ámbito nacional que regulen la compraventa de inmuebles ha de realizarse a la luz de las disposiciones del Derecho de la UE que regulan la libre circulación de capitales[77].

Y además ha afirmado también reiteradamente que debe entenderse que quedan prohibidas conforme al actual artículo 63 del TFUE, todas aquellas medidas que puedan constituir restricciones a los movimientos de capitales, incluyendo las que puedan disuadir a los residentes de un EM de realizar inversiones en otros EEMM[78]. Ha de entenderse en particular que deben tener tal consideración aquellas medidas nacionales que sometan o condicionen las inversiones inmobiliarias a un procedimiento de autorización previa, restringiendo con ello la libre circulación de capitales[79].

Finalmente cabe recordar en relación con esta libertad que el TJUE ha señalado reiteradamente que la libre circulación de capitales, como principio fundamental del Tratado, sólo puede limitarse por razones imperiosas de interés general que se apliquen a cualquier persona o empresa que ejerza una actividad en el territorio del EM de acogida, siempre que la medida restrictiva estatal sea adecuada para garantizar la realización del objetivo que se persigue y no vaya más allá de lo necesario para alcanzarlo, con el fin de respetar el criterio de proporcionalidad[80], aspectos estos que serán objeto de análisis más detallado en el apartado II.4.2 siguiente.

2.4 Limitaciones a la libre adquisición de inmuebles en el marco de las libertades fundamentales

Como hemos comentado en el apartado I.3 anterior de este trabajo, el acceso a la vivienda se ha convertido en un problema social de primera magnitud no solo en Canarias y en España, cuyo análisis se ha abordado en mayor profundidad, sino también en muchos otros EEMM de la UE, en los que el incremento de la demanda de vivienda dificulta que amplios sectores de la población local puedan acceder a una vivienda digna. Esta situación es especialmente compleja en aquellos lugares en los que la alta demanda por parte de no residentes, aumenta la presión sobre el mercado inmobiliario.

Ante esta situación de partida, no son pocos los territorios de la UE que a lo largo y ancho de la geografía del viejo continente han acordado introducir restricciones o algún tipo de limitación administrativa a las adquisiciones de bienes inmuebles con el fin de contrarrestar la presión que ejerce sobre sus respectivos mercados inmobiliarios la compra de bienes raíces por parte de ciudadanos no residentes.

En algunos casos se ha optado por *prohibiciones directas*, que persiguen el veto a los no nacionales para adquirir ciertos tipos de bienes inmuebles, como tierras agrícolas o forestales, mientras que en otros se han articulado *restricciones indirectas*, mediante la concesión de derechos de adquisición preferente o de tanteo a los nacionales frente a los extranjeros, a la exigencia de requisitos adicionales para obligar a los extranjeros que deseen acceder a determinados inmuebles a obtener ciertos permisos administrativos, a estar domiciliados en el país o región, o a imponer cargas posteriores a los adquirentes vinculadas al cultivo de la tierra.

---

77   Sentencia del Tribunal de Justicia de 5 de marzo de 2002, asuntos acumulados C-515/99, C-519/99 a C-524/99 y C-526/99 a C-540/99, *Reisch y otros*, ECLI:EU:C:2002:135, ap. 28 a 31.

78   Sentencia del Tribunal de Justicia (Sala Primera) de 1 de octubre de 2009, C-567/07, asunto *Woningstichting Sint Servatius*, ECLI:EU:C:2009:593, ap. 21, y resto de jurisprudencia citada.

79   Ibidem, ap. 22 y resto de jurisprudencia citada.

80   Sentencia del Tribunal de Justicia de 4 de junio de 2002, C-367/98, asunto *Comisión v Portugal*, ECLI:EU:C:2002:326, ap. 49.

No todos estos territorios han tenido éxito en el proceso de implantación de estas medidas, como veremos a continuación. En algunos casos el TJUE, con ocasión del análisis efectuado al conocer las cuestiones que con carácter prejudicial le han planteado órganos jurisdiccionales nacionales, se ha pronunciado declarando que la norma nacional objeto de análisis se oponía al Derecho de la UE, al considerar que vulneraba alguno de los principios básicos sobre los que se asienta el mercado único, cuyas libertades fundamentales ya hemos descrito en el apartado II.1 del presente capítulo.

En este apartado repasaremos en primer lugar las restricciones, tanto permanentes como temporales, que se han aplicado en algunos territorios de la UE, y a continuación examinaremos la jurisprudencia más relevante del TJUE que ha analizado su compatibilidad, en el marco de su función como garante de la interpretación uniforme del Derecho de la UE y de su primacía sobre el derecho nacional.

2.4.1. Excepciones y regímenes especiales: restricciones permanentes y restricciones temporales

Algunos EEMM negociaron en sus respectivos Tratados de Adhesión a la UE el mantenimiento de restricciones específicas a la adquisición de bienes inmuebles y terrenos agrícolas o forestales, estableciendo limitaciones que se justificaron, en algunos casos temporales, con el fin de proteger el mercado inmobiliario local durante un período de transición y de evitar la especulación inmobiliaria sobre las viviendas residenciales o sobre las explotaciones agrícolas. Otros EEMM sin embargo han ejercido una suerte de derecho de exclusión voluntaria ("*opt-out clauses*") a participar en un determinado ámbito de la política de la UE en toda su amplitud, o al menos en un aspecto concreto de la misma, con el fin de proteger con carácter permanente sus intereses nacionales en ese ámbito concreto.

Restricciones permanentes

En el seno de la UE tenemos por una parte restricciones permanentes a las adquisiciones de segundas residencias en Dinamarca, en las Islas Åland finlandesas y en Malta. Son los únicos territorios en la UE que cuentan en la actualidad con excepciones permanentes al principio de libre circulación de capitales. Las excepciones temporales que existían con anterioridad para la adquisición de segundas residencias en otros EEMM ya han expirado[81].

Veamos caso por caso:

- En el caso de Dinamarca, en virtud de lo acordado en el *Protocolo n.º 32 anexo al TUE y al TFUE relativo a determinadas disposiciones sobre adquisición de bienes inmuebles en Dinamarca*[82], mantiene su legislación nacional que restringe la adquisición de segundas residencias por parte de ciudadanos no daneses, con el fin de preservar el mercado inmobiliario local, evitar la especulación inmobiliaria en áreas turísticas y costeras, y garantizar que las propiedades residenciales sean utilizadas principalmente por residentes permanentes. Para ello, los ciudadanos de la UE o del EEE no residentes deben obtener un permiso del Ministerio de Justicia danés con carácter previo a la adquisición de una propiedad que vaya a ser utilizada como segunda residencia o casa de vacaciones ("*summer cottage*"), autorización que se concede solo en los casos en los que el comprador demuestra tener fuertes vínculos con el país (residencia previa, vínculos familiares, comerciales, culturales o financieros estrechos). Estas restricciones no se aplican sin embargo en el caso de adquisición de propiedades con fines comerciales, o bien cuando el adquirente es un ciudadano nórdico originario de Suecia, Noruega, Finlandia e Islandia, países vecinos con quienes existen acuerdos específicos que flexibilizan los requisitos aplicables en ciertos supuestos.

---

81   Documento de trabajo de los Servicios de la Comisión (SWD(2017) 94 final), Análisis de seguimiento sobre los movimientos de capitales y la libertad de pagos, febrero de 2020, p. 37.

82   EURLEX: Protocolo n.º 32 relativo a determinadas disposiciones sobre adquisición de bienes inmuebles en Dinamarca (Document 12016E/PRO/32).

- En el caso de las islas Åland finlandesas, a tenor de lo dispuesto en el *Protocolo n.º 2 del Acta de Adhesión de Finlandia a la UE de 1994*[83], teniendo en cuenta el estatuto especial del que gozan estas islas, se mantienen ciertas restricciones específicas para este territorio en lo que se refiere al derecho de adquisición de inmuebles y al derecho de establecimiento y de prestación de servicios por parte de personas físicas que no tengan la vecindad civil de las islas o de personas jurídicas que no obtengan la preceptiva autorización por parte de las autoridades insulares competentes.

- Por su parte Malta, en virtud del *Protocolo n.º 6 del Acta de Adhesión de 2003*[84], mantiene su legislación nacional de autorizaciones que se encontraba en vigor antes de su adhesión, que permite limitar la adquisición y tenencia de bienes inmuebles como segundas residencias a quienes no hubieran residido legalmente en el país durante al menos cinco años, debiendo actuar sobre la base de principios no discriminatorios.

  Esta excepción al régimen general se justifica por el limitado número de viviendas y por la escasez de terreno edificable. En este sentido, afirma el Gobierno maltés que *"la UE reconoció la singularidad de Malta en lo que respecta a los limitados recursos de suelo y de propiedades residenciales y a las presiones de una población local en constante aumento"*, lo que a su juicio justifica el mantenimiento de este régimen singular basado en la necesidad de *"eliminar la posibilidad de compra ilimitada de bienes inmuebles por parte de extranjeros en Malta, lo que podría distorsionar el mercado inmobiliario local, que es un sector importante para la economía del país"*[85].

  Por tanto, no existen limitaciones para la adquisición de una primera propiedad para los ciudadanos de otros EEMM de la UE, pero solo quienes sean residentes durante al menos cinco años pueden adquirir una segunda propiedad.

Restricciones temporales:

Por otra parte encontramos otra serie de restricciones, en este caso de carácter temporal, durante un periodo transitorio a partir de la fecha de adhesión del EM a la UE, bien para la adquisición de segundas residencias, o bien para la adquisición de tierras agrícolas y forestales, como veremos a continuación:

En el ámbito de las *adquisiciones de segundas residencias*, se negociaron restricciones temporales durante un periodo de cinco años en Austria, Finlandia y Suecia (cuarta ampliación, a partir de 1 de enero de 1995), en República Checa, Hungría, Polonia y Chipre (quinta ampliación, a partir de 1 de mayo de 2004), y en Bulgaria y Rumanía (sexta ampliación, a partir de 1 de enero de 2007).

Mientras que en el ámbito de las *adquisiciones de tierras agrícolas y forestales*, se acordó el mantenimiento de ciertas restricciones temporales durante un periodo de siete años en la República Checa, Estonia, Hungría, Letonia, Lituania y Eslovaquia, y durante un periodo de doce años en Polonia (todos ellos incorporados en la quinta ampliación, a partir de 1 de mayo de 2004), durante un periodo de siete años en Bulgaria y Rumanía (sexta ampliación, a partir de 1 de enero de 2007), y durante un periodo de siete años en Croacia (séptima ampliación, a partir de 1 de julio de 2013).

La situaciones que se han exceptuado son variadas como examinaremos a continuación:

- En el caso de Austria, Finlandia y Suecia, en el marco de las negociaciones previas a su adhesión a la UE, estos tres países lograron la introducción en el *Acta de Adhesión de 1994*[86] de tres previsiones redactadas en idénticos términos (art. 70 para Austria, art. 87 para Finlandia, y art. 114 para Suecia), que permitían que estos EEMM

---

83   EURLEX: Protocolo no 2 - sobre las Islas Åland, ACTA relativa a las condiciones de adhesión del Reino de Noruega, de la República de Austria, de la República de Finlandia y del Reino de Suecia y a las adaptaciones de los Tratados en los que se basa la Unión Europea (Document 11994N/PRO/02).

84   EURLEX: Acta relativa a las condiciones de adhesión de la República Checa, la República de Estonia, la República de Chipre, la República de Letonia, la República de Lituania, la República de Hungría, la República de Malta, la República de Polonia, la República de Eslovenia y la República Eslovaca, y a las adaptaciones de los Tratados en los que se fundamenta la Unión - Protocolo 6 sobre la adquisición de residencias secundarias en Malta (Document 12003T/PRO/06).

85   *Office of the Commissioner for Revenue, Malta Government*: Negotiations with the EU.

86   EURLEX: ACTA relativa a las condiciones de adhesión del Reino de Noruega, de la República de Austria, de la República de Finlandia y del Reino de Suecia y a las adaptaciones de los Tratados en los que se basa la Unión Europea (94/C 241/08) (Documento 11994N/TXT).

mantuviesen su legislación nacional vigente sobre segundas residencias durante un período de cinco años a partir de la fecha de adhesión (a partir de 1 de enero de 1995).

– En Estados de más reciente incorporación a la UE como República Checa, Estonia, Letonia, Lituania, Hungría, Polonia y Eslovaquia -a partir de 1 de mayo de 2004-, Bulgaria y Rumanía -a partir de 1 de enero de 2007-, y Croacia -a partir de 1 de julio de 2013-, previeron en sus respectivos tratados de adhesión de 2003[87], 2005[88], y 2012[89] ciertas excepciones transitorias a la libre circulación de capitales, de entre siete y doce años, en relación con la adquisición de tierras agrícolas por parte de nacionales de otros EEMM de la UE o de nacionales del EEE. Además se articuló la posibilidad de solicitar la prórroga de tres años más en algunos casos.

– Del mismo modo, algunos de estos EEMM obtuvieron también excepciones al régimen general en el ámbito de las segundas residencias. Es el caso de República Checa, Hungría, Polonia y Chipre (durante un periodo de cinco años a partir de 1 de mayo de 2004), y Bulgaria y Rumanía (durante un periodo de cinco años a partir de 1 de enero de 2007).

Una vez finalizados los periodos transitorios negociados inicialmente, algunos EEMM como Hungría, Letonia, Lituania y Eslovaquia optaron por solicitar la prórroga de 3 años a la que aludimos con anterioridad, obteniendo esta extensión adicional hasta 2014. Otros sin embargo no secundaron la estrategia de sus vecinos, pero no obstante han optado por establecer medidas adicionales -de dudosa compatibilidad con el Derecho de la UE- que, si bien no impiden totalmente la libre circulación de capitales, sin embargo sí la obstaculizan.

Es el caso de Rumanía, que estableció el derecho preferente de tanteo en la compra de terrenos agrícolas para copropietarios, arrendatarios, propietarios vecinos y para el Estado -a través de la Agencia Estatal de la Propiedad (*Agentia Domeniilor Statului*)-. O el de Eslovaquia, que impuso el requisito de residencia permanente en el país durante al menos 10 años para la adquisición de tierras agrícolas. Polonia por su parte limitó la superficie de tierra agrícola susceptible de ser adquirida por un nacional de otro EM y estableció la obligación de someter la transacción a la aprobación previa por parte del Centro Nacional de Apoyo a la Agricultura (*Krajowy O rodek Wsparcia Rolnictwa, KOWR*). Mientras que Letonia impuso requisitos adicionales para la compra de tierras agrícolas por parte de extranjeros, como estar registrado para ejercicio de la actividad económica, haber recibido pagos directos en el marco de la Política Agrícola Común y estar al corriente en el pago de las obligaciones fiscales.

Todo ello ha dado lugar a que la Comisión Europea abriera procedimientos de infracción contra algunos EEMM (Bulgaria, Hungría, Letonia, Lituania y Eslovaquia)[90], tras haber considerado que las explicaciones esgrimidas por los mismos en respuesta a las cartas de emplazamiento previas, no permitían verificar de manera concluyente que las medidas adoptadas fueran compatibles con el Derecho de la UE, en particular en lo que concierne al respeto al principio de proporcionalidad. Algunos de estos procedimientos han derivado en recursos por incumplimiento del Derecho de la UE ante el TJUE, que ha analizado caso por caso, dando lugar a conocidas sentencias, algunas de las cuales examinaremos con posterioridad en el apartado II.4.2.

Posición de otras instituciones y órganos de la UE:

i. Sobre las tierras agrícolas:

Ante la dimensión cada vez mayor del fenómeno del acaparamiento de tierras agrícolas que afecta sobre todo a varios EEMM del Báltico y de Europa central y oriental, el Comité Económico y Social Europeo (CESE) había mostrado

---

87   EURLEX: Tratado relativo a la adhesión de la República Checa, la República de Estonia, la República de Chipre, la República de Letonia, la República de Lituania, la República de Hungría, la República de Malta, la República de Polonia, la República de Eslovenia y la República Eslovaca, a la Unión Europea (Document 12003T/TXT).

88   EURLEX: Tratado relativo a la adhesión de la República de Bulgaria y de Rumanía a la Unión Europea (Document 12005S/TXT).

89   EURLEX: Decisión del Consejo de la Unión Europea, de 5 de diciembre de 2011, relativa a la admisión de la República de Croacia a la Unión Europea (Document JOL_2012_112_R_0006_01).

90   Documento de trabajo de los Servicios de la Comisión (SWD(2021) 68 final), Análisis de seguimiento sobre los movimientos de capitales y la libertad de pagos, abril de 2021, p. 25.

ya en 2015 su preocupación sobre el mismo, adoptando un Dictamen de iniciativa propia que alertaba sobre sus consecuencias negativas para la agricultura familiar, la seguridad alimentaria y el desarrollo rural[91].

En abril de 2017, el Parlamento Europeo sometió a debate la cuestión adoptando una Resolución en la que fija su posición común y propone medidas vinculadas a la regulación del mercado de tierras, al apoyo a los pequeños y medianos agricultores, y a la recopilación de datos y mejora de la transparencia al objeto de prevenir la especulación[92].

En ambos casos se muestra la inquietud compartida sobre la creciente concentración de tierras agrícolas en manos de unos pocos, dificultando el acceso a la misma a los pequeños agricultores y el relevo generacional, destacándose asimismo la importancia de las tierras agrícolas como un bien escaso de carácter estratégico, que resulta clave para garantizar la seguridad alimentaria, el empleo, el medio ambiente y el desarrollo rural, y que no debe ser considerado por tanto como una mercancía cualquiera.

No son las únicas instituciones y organismos que han reaccionado para fijar su posicionamiento frente a esta problemática, ya que en paralelo, a la vista de la dispersión de normativas nacionales que podrían entrar en conflicto con el acervo comunitario y ante la preocupación por la dimensión de esta amenaza para el mantenimiento de un mercado único homogéneo, en octubre de 2017, la Comisión Europea adoptó una Comunicación interpretativa sobre esta cuestión[93].

En ella se fijan las directrices bajo las cuales los EEMM pueden intervenir en la regulación nacional de los aspectos relacionados con la adquisición de tierras agrícolas, con el fin de evitar el acaparamiento de tierras y la concentración de las mismas en manos de grandes tenedores o inversores extranjeros con fines especulativos y en detrimento de los agricultores locales, en el marco del respeto del acervo comunitario y la jurisprudencia del TJUE a este respecto.

Como resultado, Lituania y Eslovaquia adaptaron su legislación sobre el suelo a la normativa de la UE para que la Comisión pudiera cerrar en 2019 los respectivos procedimientos de infracción abiertos contra ellos, mientras que otros EEMM o bien están en el proceso de adaptación interna, o bien no han dado pasos aún en este sentido[94].

ii, Sobre las segundas residencias:

En el ámbito de la problemática de las segundas residencias sin embargo, han sido más tímidas las reacciones de las instituciones europeas hasta el momento para avanzar en la concreción de un marco común, limitándose prácticamente a la *Resolución del Parlamento Europeo, de 21 de enero de 2021, sobre el acceso a una vivienda digna y asequible para todos*[95], y al reciente *Dictamen del Comité Europeo de las Regiones de 17 abril de 2024 sobre vivienda inteligente, sostenible y asequible*[96]. Ambos abordan la problemática de la vivienda asequible desde una perspectiva global y pretenden avivar el debate sobre la necesidad de mejorar la coordinación entre las políticas de la UE y las políticas de vivienda de los EEMM, haciendo un llamamiento sobre la necesidad de un nuevo enfoque en esta materia.

En este sentido, todo apunta a que la vivienda va a ser objeto de una mayor atención en la actual legislatura europea 2024-2029, tras la *Declaración conjunta de los ministros de vivienda de la UE (Declaración de Lieja)*[97] impulsada bajo la presidencia belga del Consejo, que aboga por un cambio de enfoque en esta materia, y tras la creación en

---

91   EURLEX: Dictamen del Comité Económico y Social Europeo - *El acaparamiento de tierras: llamada de alerta a Europa y amenaza para la agricultura familiar* (Dictamen de iniciativa) (2015/C 242/03), de 21 de enero de 2015.

92   EURLEX: Resolución del Parlamento Europeo de 27 de abril de 2017, sobre la situación con respecto a la concentración de tierras agrícolas en la UE: ¿Cómo facilitar el acceso de los agricultores a la tierra? (2016/2141(INI)).

93   Comunicación interpretativa de la Comisión sobre la adquisición de tierras agrícolas y el Derecho de la Unión Europea (2017/C 350/05), DO C 350/5, de 18.10.2017.

94   Documento de trabajo de los Servicios de la Comisión (SWD(2021) 68 final), Análisis de seguimiento sobre los movimientos de capitales y la libertad de pagos, abril de 2021, p.25

95   EURLEX: Resolución del Parlamento Europeo, de 21 de enero de 2021, sobre el acceso a una vivienda digna y asequible para todos (2019/2187(INI)).

96   EURLEX: Dictamen del Comité Europeo de las Regiones – *La vivienda inteligente, sostenible y asequible como herramienta al servicio de los entes locales para afrontar múltiples retos* (Dictamen de iniciativa) (C/2024/3667), de 17 de abril de 2024.

97   Liège Declaration: Towards affordable, decent, and sustainable housing for all, 5 March 2024.

el seno del nuevo Colegio de Comisarios europeos de una "cartera" con competencias en materia de vivienda, estando previsto entre otras medidas de impulso, que se adopte el primer Plan Europeo de Vivienda Asequible de la historia de la UE[98].

El primero de los pasos se ha dado recientemente con la Decisión de la Presidenta de la Comisión Europea del pasado 7 de enero de 2025 sobre la creación de varios grupos de proyecto, entre los cuales uno de ellos sobre Vivienda Asequible[99], presidido por el Comisario de Energía y Vivienda, para abordar este asunto desde una perspectiva global, facilitando el trabajo conjunto para enfrentar los desafíos de la vivienda en la UE. Desde este grupo se impulsará, entre otras cuestiones, la creación de un marco adecuado que permita a los EEMM duplicar las inversiones de la política de cohesión en vivienda asequible, la creación de una plataforma paneuropea de inversión en colaboración con el Banco Europeo de Inversiones, y la revisión de las normas de competencia sobre ayudas de estado en este ámbito sectorial.

Se abre por tanto una ventana de oportunidad para que la problemática en torno a las segundas residencias sea abordada bajo este marco, desde una perspectiva integral que vaya más allá de la mera defensa de las libertades fundamentales y de la salvaguarda del mercado único, para que se avance hacia un enfoque que verdaderamente reconozca la vivienda como un derecho social fundamental, que fomente políticas integrales que apoyen el desarrollo territorial, la sostenibilidad medioambiental y la equidad intergeneracional, y que impulse una regulación coherente con las singularidades locales y regionales, garantizándose así el necesario equilibrio entre el interés general y las necesidades particulares de cada territorio.

Además, es el momento de avanzar para superar el tradicional enfoque que analiza el asunto de las segundas residencias como una cuestión meramente transfronteriza[100], que afectaría por tanto *a priori* solo a territorios limítrofes entre sí, para pasar a abordarlo como un asunto transnacional que incide en la economía de numerosos territorios, en particular en la de aquellos que ofrecen mayores atractivos para la inversión inmobiliaria, partiendo de la base de que, gracias al extraordinario desarrollo que ha experimentado la conectividad aérea en las últimas décadas, la movilidad en la UE se ha multiplicado de manera significativa, convirtiendo por tanto el fenómeno de las segundas residencias en un asunto de dimensión global a escala europea.

Llegados a este punto, resulta oportuno detenernos para destacar por otra parte que, a pesar de no haber logrado fijar un marco común lo suficientemente flexible como para abordar esta problemática desde una perspectiva que concilie los intereses de los EEMM y de algunas regiones europeas con los de la UE en su conjunto, sin embargo ya desde mediados de los años 90 del siglo pasado, y a medida que se iban adhiriendo nuevos EEMM, se le ha venido concediendo una relevancia cada vez mayor a la problemática asociada a la adquisición de las segundas residencias y a las posibles restricciones que podrían aplicar los EEMM en este ámbito.

En este sentido, nos referimos a la clarificadora *Declaración conjunta nº 5 sobre residencias secundarias* que se incorporó al *Acta de adhesión de Austria, Finlandia y Suecia de 1994*[101], que viene a ser una rotunda declaración de intenciones de los firmantes y un claro recordatorio sobre el marco normativo a aplicar bajo el cual, nada debería impedir que los EEMM puedan imponer de manera individual medidas de alcance nacional, regional o incluso local en este campo, siempre que se apliquen de manera indiscriminada a todos los ciudadanos de la UE sin distinción por razón de su nacionalidad, y siempre que la medida sea necesaria para lograr un objetivo vinculado a la ordenación territorial y a la protección del medio ambiente.

---

98 Comisión Europea: Mission Letter to the new Commissioner-designate for Energy and Housing, 17 de septiembre de 2024

99 Comisión Europea: Decision on the establishment of a Commissioners' Project Group on Affordable Housing, 7 de enero de 2025

100 La Directiva 88/361/CEE, que se dictó para fijar el marco para la liberalización de los movimientos de capitales entre residentes de los EEMM de ese entonces, abordó el asunto de las segundas residencias en el contexto de la liberalización de los movimientos de capitales, reconociendo que la plena liberalización podría aumentar las dificultades en el mercado de segundas residencias "*en determinados Estados miembros y especialmente en áreas fronterizas*". En consecuencia se permitió que los EEMM mantuvieran las disposiciones existentes de derecho nacional que regulan la compra de segundas residencias hasta que el Consejo adoptara otras disposiciones en este ámbito.

101 94/C241/09 Acta final, C:1994:241:TOC, p. 382: 5. Declaración conjunta sobre residencias secundarias: "*Nada en el acervo comunitario impide que los Estados miembros de forma individual adopten medidas de carácter nacional, regional o local relativas a residencias secundarias, siempre que ello sea necesario para la ordenación del territorio y la protección del medio ambiente, y se apliquen sin discriminación directa o indirecta entre los nacionales de los Estados miembros, de conformidad con el acervo*".

Pareciera por tanto que están bien definidas las pautas a seguir por las autoridades nacionales para la adopción de medidas que en su caso pudieran implicar una restricción a la libre adquisición de segundas residencias. Veremos a continuación sin embargo que la aplicación en la práctica de este marco no ha sido sencilla, habiendo sido necesario que el TJUE interviniera en numerosas ocasiones, para recordar, en el ejercicio de su función de garante de la interpretación uniforme del Derecho de la UE, cuáles son las orientaciones que deben seguirse para que una medida nacional o regional, pueda considerarse compatible con el acervo comunitario en este ámbito.

2.4.2. Jurisprudencia del TJUE

En este apartado haremos un repaso a la jurisprudencia relevante del TJUE a partir de los casos en los que el alto tribunal ha analizado medidas de alcance nacional o regional que limitaban directa o indirectamente la adquisición de segundas residencias por parte de no nacionales de otros EEMM de la UE o del EEE[102]. Obtendremos con ello como resultado un marco bajo el cual situar los parámetros que deben seguirse para que una medida a implantar pueda considerarse compatible con el Derecho de la UE, analizando los argumentos esgrimidos en cada caso.

Asunto Konle (C-302/97)[103]:

El tribunal analizó la compatibilidad con el Derecho de la UE de la normativa de la región austriaca del Tirol (la *Tiroler Grundverkehrsgesetz LGBl 82/1993* y la *Tiroler Grundverkehrsgesetz LGBl 61/1996)*, en virtud de la cual las autoridades regionales podían limitar la compra por parte de extranjeros de terrenos destinados a la construcción de viviendas, mediante la concesión de una autorización previa que solo era otorgada si el terreno no fuera a estar destinado a albergar una segunda residencia del adquirente. El gobierno austriaco argumentó en su defensa que este procedimiento de autorización previa en las adquisiciones de bienes inmuebles era el único medio con el que contaban las autoridades nacionales y locales para mantener el control sobre las políticas de ordenación territorial aplicadas en interés general, políticas que eran particularmente necesarias en la región del Tirol, en donde la superficie edificable era muy limitada.

Bajo la normativa nacional de 1993 (*LGBl 82/1993)*, los austriacos estaban exentos de obtener dicha autorización. Dicha norma se declaró inconstitucional, siendo sustituida previamente a su declaración de inconstitucionalidad por la *LGBl 61/1996,* que seguía exigiendo demostrar el destino y uso no secundario de la futura residencia, pero ahora ya no solo para los extranjeros sino también para los nacionales austriacos.

El tribunal, tras analizar la cuestión y escuchar los argumentos de las partes, dictaminó que eximir del requisito de autorización solo a los adquirentes austríacos en virtud de la normativa de 1993 constituía una clara discriminación por razón de nacionalidad, y que por tanto era contraria a la libre circulación de capitales y pagos *"si no se justifica por un motivo admitido a este respecto por el Tratado"*[104].

El tribunal también analizó si la ley de 1996 era compatible con el Derecho de la UE al amparo de la cláusula de excepción del art. 70 del Acta de adhesión de Austria a la UE, que permitía a dicho EM mantener temporalmente su legislación nacional sobre segundas residencias; sin embargo, llegó a la conclusión de que no lo era, ya que la nueva ley de 1996 introdujo cambios sustanciales respecto a la legislación de 1993 que se encontraba vigente en el momento de la adhesión[105].

Finalmente, y por lo que nos interesa a efectos del objeto de análisis del presente trabajo, cabe destacar que el tribunal reconoció que las autoridades nacionales pueden justificar las restricciones en base a objetivos ligados a la

---

102   Recordar que el Espacio Económico Europeo (EEE) es una zona de libre comercio y mercado común creada en 1994 para ampliar las ventajas del mercado interior de la UE a los países de la AELC o Asociación Europea de Libre Comercio (en inglés, *EFTA - European Free Trade Association*). Forman parte del EEE en la actualidad tres de los cuatro EM de la AELC (Islandia, Liechtenstein y Noruega), permitiéndoles beneficiarse de las ventajas del mercado único europeo sin necesidad de adherirse a la UE. Suiza por su parte mantiene sus propios acuerdos bilaterales con la UE.

103   Sentencia del Tribunal de Justicia de 1 de junio de 1999, C-302/97, asunto Konle v Austria, ECLI:EU:C:1999:271.

104   Ibidem, ap. 24.

105   Ibidem, ap. 53 y 54.

ordenación territorial, si bien las mismas deben ser proporcionadas y no discriminatorias[106]. En este caso, se concluyó que el *sistema de autorización previa* no era indispensable, ya que existían otras medidas menos restrictivas para alcanzar los objetivos de ordenación del territorio, como por ejemplo un *sistema de declaración previa*[107],en tanto señala la sentencia que el propio legislador regional reconoció que dicha declaración previa era un medio eficaz para controlar, en el caso de los nacionales austriacos, que el bien objeto de la transacción fuera adquirido como residencia secundaria[108]. En este sentido, para aceptar la compatibilidad del mecanismo de declaración previa, el Tribunal considera fundamental que las autoridades cuenten con medios que permitan sancionar el incumplimiento de la norma que restringe la adquisición del inmueble, si este no estuviera destinado a la finalidad prevista. Por tanto, si como se demostró en el caso *Konle*, las autoridades nacionales o regionales pueden imponer multas, o bien pueden obligar al adquirente a poner inmediatamente fin al uso ilícito del bien, bajo pena de venta forzosa o de declaración de nulidad de la compraventa mediante el restablecimiento registral de las inscripciones anteriores a la adquisición del bien, el mecanismo de declaración previa se considera suficiente para controlar el uso adecuado de los mismos tal y como pretende la norma nacional, sin restringirse con ello de manera desproporcionada la libre circulación de capitales y constituyendo una justificación adecuada[109].

Asunto Reisch y otros (C-515/99, C- 519/99 a C-524/99 y C-526/99)[110]:

En este caso se le planteó al TJUE que interpretara si el acervo comunitario sobre la libre circulación de capitales (actuales arts. 63 a 66 del TFUE) se oponía a la ley de 1997 de transmisión de bienes inmuebles de la región austriaca de Salzburgo (la *Salzburger Grundverkehrsgesetz 1997 (SGVG))*. Dicha norma condicionaba la adquisición de determinadas parcelas inmobiliarias a la concesión de una autorización administrativa que solo se otorgaba a los adquirentes, sean austriacos o nacionales de otro EM de la UE o del EEE, que previamente hubieran presentado una declaración en la que asegurasen que el inmueble iba a ser destinado a primera residencia o a una actividad profesional. El uso como segunda residencia quedaba limitado a aquellas edificaciones que disfrutaban de ese estatus antes de 1993, o bien a parcelas que se encontrasen en zonas autorizadas para ello.

El tribunal consideró compatible con el Derecho de la UE el establecimiento de ciertas restricciones si, como argumentaron las autoridades austriacas, estas obedecen a una finalidad de interés general como es la de mantener población permanente y una actividad económica autónoma respecto del sector turístico, con un objetivo de ordenación territorial. También se reconoce, aunque de manera menos evidente, la protección del medio ambiente como otra de las finalidades compatibles con el Derecho de la UE, siempre que esta sea una de las preocupaciones que subyace en el diseño e implantación de la medida[111].

Ahora bien, entrando a analizar la tipología de restricciones a imponer, consideró el tribunal, en la línea de lo ya dictaminado en la sentencia Konle antes comentada, que un *sistema de autorización previa* no es indispensable para garantizar la eficacia del objetivo que se persigue, no siendo por tanto compatible con el acervo comunitario. Cabrían otras vías menos restrictivas como un *sistema de declaración previa*, que sí que es compatible con la libre circulación de capitales, ya que además aporta seguridad jurídica al comprador y permite un control previo por parte de las autoridades para prevenir daños[112]. En este sentido, considera el tribunal que la declaración previa presenta la ventaja de que ofrece cierta seguridad jurídica para el adquirente, a diferencia de otras medidas de control que se despliegan sólo *a posteriori*. Además, tratándose de adquisiciones de inmuebles, es mejor este sistema para prevenir que se produzcan daños de difícil reparación como consecuencia de la rápida ejecución de los proyectos de construcción. A este respecto, el tribunal estima que la declaración previa forma parte del conjunto de medidas

---

106   Ibidem, ap. 40.

107   Ibidem, ap. 49 y 44.

108   Ibidem, ap. 48.

109   Ibidem, ap. 47.

110   Sentencia del Tribunal de Justicia de 5 de marzo de 2002, asuntos acumulados C-515/99, C- 519/99 a C-524/99 y C-526/99, *Reisch y otros*, ECLI:EU:C:2002:135.

111   Ibidem, ap. 34.

112   Ibidem, ap. 37.

con que cuenta la administración para hacer cumplir la norma, junto con las sanciones de naturaleza penal y junto con la posibilidad de solicitar al juez nacional que declare la nulidad de la compraventa[113].

En cuanto a los límites bajo los cuales deben operar las autoridades nacionales, la sentencia pone el foco en la declaración del adquirente como elemento central, debiendo limitarse la intervención estatal a verificar que el particular que desea adquirir el bien cumple con los requisitos formales y que por tanto se evitan usos indebidos del mismo.

Esta sentencia es relevante para el asunto objeto de análisis del presente trabajo, porque constituye un caso claro en el que una normativa regional posterior a la adhesión del EM a la UE, ha sabido acomodarse al marco europeo vigente, sin que fuese necesario acogerse a ninguna cláusula de excepción temporal como la que tenía Austria en su momento u otra singularidad normativa. Viene a suponer por tanto una manifestación concreta de la compatibilidad de una normativa nacional que restringe el derecho a la adquisición de determinadas propiedades inmobiliarias, siempre que la restricción esté basada en un objetivo de interés general y que las medidas que imponga sean proporcionales y no discriminen por razón de la nacionalidad.

Asunto Ospelt (C-452/01)[114]:

Resulta interesante mencionar esta sentencia, ya que si bien no se centra en un caso de restricciones a la adquisición de la propiedad como segunda residencia, sino de restricciones en el ámbito de las tierras agrícolas, es pertinente sin embargo tenerlo en cuenta porque introduce un elemento relevante en el análisis de compatibilidad de estas restricciones con las libertades fundamentales del mercado único, como es la equiparación de la normativa que afecta a los nacionales de los EEMM de la UE con la de la normativa de aplicación a los nacionales de los Estados pertenecientes a la AELC, y que por tanto se benefician del EEE.

En este sentido, el tribunal sostuvo que la normativa austriaca para limitar la adquisición de la propiedad con el fin de preservar la agricultura local, debía interpretarse a la luz del Acuerdo EEE, siendo por tanto de aplicación en el supuesto concreto analizado a los nacionales del Principado de Liechtenstein, de tal forma que las medidas nacionales relativas a las adquisiciones de terrenos agrícolas y forestales no pueden eludir la aplicación de las reglas de libre circulación de mercancías, personas, servicios y capitales en todo el EEE, tal y como ocurre en el Derecho comunitario[115].

Asuntos Salzmann (C-300/01) y Burtscher (C-213/04)[116]:

En estas dos sentencias el alto tribunal europeo, con ocasión del análisis de compatibilidad de la legislación austriaca del Land de Vorarlberg que regula los negocios jurídicos sobre bienes inmuebles, vino a reiterar su jurisprudencia consolidada en los asuntos *Konle* y *Reisch* ya analizados, en tanto consideró que las limitaciones que un EM decide mantener respecto al establecimiento de segundas residencias en una determinada zona geográfica, con el fin de fijar una población permanente y una actividad económica independiente del sector turístico, con un objetivo de ordenación territorial, responden a una finalidad de interés general[117].

Asunto Festersen (C-370/05)[118]:

En este caso el tribunal analizó la compatibilidad de la ley agraria danesa que imponía a los adquirentes de terrenos rústicos la obligación de residir en los mismos. Al igual que en el caso Ospelt anterior, si bien el asunto no se ciñe a las restricciones en el ámbito de las segundas residencias, sin embargo es de interés para el análisis objeto del

---

113   Ibidem, ap. 36.

114   Sentencia del Tribunal de Justicia de 23 de septiembre de 2003, C-452/01, asunto Ospelt y Schlössle Weissenberg, ECLI:EU:C:2003:493.

115   Ibidem, ap. 29 y 32.

116   Sentencia del Tribunal de Justicia (Sala Sexta) de 15 de mayo de 2003, C-300/01, asunto Salzmann, ECLI:EU:C:2003:283 y Sentencia del Tribunal de Justicia (Sala Tercera) de 1 de diciembre de 2005, C-213/04, asunto Burtscher, ECLI:EU:C:2005:731.

117   Op. Cit. Sentencia Salzmann, ap. 44 y Sentencia Burtscher, ap. 46.

118   Sentencia del Tribunal de Justicia (Sala Tercera) de 25 de enero de 2007, asunto C-370/05, asunto Festersen, ECLI:EU:C:2007:59.

presente trabajo, porque se refiere a una restricción que va de la mano de la obligación de residir en un determinado territorio.

Pese a que Dinamarca argumentó en su defensa que la ley buscaba preservar la explotación directa de las tierras, mantener la población rural y luchar contra la especulación inmobiliaria, sin embargo el alto tribunal no pudo llegar a considerar que la obligación de residencia fuera un medio adecuado ni necesario para lograr estos objetivos, ya que la medida no garantizaba la explotación directa de las tierras (no se obligaba al comprador del terreno a explotarlo personalmente[119]), ni el mantenimiento de la población rural (no se cumplía este objetivo cuando la compra la realizaba un propietario agrícola que ya residía en otra explotación[120]), y era excesivamente restrictiva (la obligación de mantener la residencia durante al menos ocho años era excesiva porque implicaba una suspensión prolongada del ejercicio del derecho fundamental a elegir libremente residencia, garantizado por el artículo 2 del Protocolo nº 4 del Convenio Europeo de Derechos Humanos[121]). Por otra parte el tribunal señaló que el EM no había demostrado que no existieran otras medidas menos restrictivas para alcanzar sus objetivos, como una mayor tributación sobre la reventa de terrenos o la exigencia de una duración mínima del contrato de arrendamiento de los terrenos como medida para promover la fijación de la población rural al cultivo de las tierras[122].

En resumen, debieron quedar debidamente fundamentadas, una vez más, la necesidad y proporcionalidad de la medida en relación con el objetivo que se perseguía, razón por la cual el tribunal terminó considerando que la obligación de residencia era una medida desproporcionada para alcanzar los objetivos nacionales, en este caso de Dinamarca, puesto que no se garantizaba su cumplimiento de manera efectiva y restringía excesivamente los derechos de los ciudadanos de la UE.

Asunto Woningstichting Sint Servatius (C-567/07)[123]:

El interés en el análisis de esta sentencia en relación con el objeto del presente trabajo radica en que el tribunal falló a favor de que un EM pudiera establecer restricciones a la libre circulación de capitales, si estas restricciones están justificadas por objetivos de interés público basados en razones imperiosas de interés general, como pueden ser las exigencias de la política de vivienda de protección oficial y su régimen de financiación en un EM, en este caso, en los Países Bajos[124].

Ahora bien, en este supuesto el tribunal consideró que la normativa neerlandesa objeto de análisis no estaba suficientemente justificada porque no se basaba en criterios objetivos, no discriminatorios y conocidos de antemano, evitando con este fallo que un régimen de autorización administrativa previa como el establecido en la normativa de los Países Bajos analizada, pudiese legitimar un comportamiento discrecional por parte de las autoridades nacionales, que privaría de eficacia a las disposiciones de Derecho de la UE, en particular, a las relativas a la libre circulación de capitales[125].

Asunto Libert (C-197/11 y C 203/11)[126]:

Se trata de un caso paradigmático sobre la aplicación de restricciones en el mercado inmobiliario con el fin de proteger el acceso a la vivienda por parte de la población local, que tiene repercusiones, como ha apreciado el alto tribunal, no solo en relación con la libre circulación de capitales, sino también con la libre circulación de personas y de trabajadores, la libertad de establecimiento y la libre prestación de servicios.

---

119   Ibidem, ap. 30.

120   Ibidem, ap. 32.

121   Ibidem, ap. 35 a 37.

122   Ibidem, ap. 39.

123   Sentencia del Tribunal de Justicia (Sala Primera) de 1 de octubre de 2009, C-567/07, asunto Woningstichting Sint Servatius, ECLI:EU:C:2009:593.

124   Ibidem, ap. 30.

125   Ibidem, ap. 35.

126   Sentencia del Tribunal de Justicia (Sala Primera) de 8 de mayo de 2013, asuntos acumulados C-197/11 y C-203/11, *Libert y otros*, ECLI:EU:C:2013:288.

En el marco de este procedimiento el TJUE analizó la compatibilidad de un decreto del año 2009 dictado por las autoridades de la región belga de Flandes en relación con las libertades fundamentales garantizadas por el TFUE y con la normativa europea de ayudas de estado. Más concretamente, y por lo que respecta al campo de análisis del presente trabajo, analizó su compatibilidad con los arts. 21 (libre circulación y residencia de los ciudadanos de la UE), 45 (libre circulación de trabajadores), 49 (libertad de establecimiento), 56 (libre prestación de servicios) y 63 (libre circulación de capitales) del TFUE, y con los arts. 22 y 24 de la Directiva 2004/38/CE[127]. Estos últimos establecen el marco normativo necesario para garantizar la equiparación sin excepciones del derecho de los ciudadanos de la UE de residencia y de residencia permanente en todo el territorio del EM de acogida, salvo que existieran restricciones territoriales aplicables también a sus propios ciudadanos, y la igualdad de trato respecto a los nacionales del EM de acogida.

El Decreto flamenco de 27 de marzo de 2009 sobre política territorial e inmobiliaria suscitó ciertas dudas en los órganos jurisdiccionales belgas sobre su compatibilidad con el Derecho de la UE, dando lugar al planteamiento de una serie de cuestiones prejudiciales ante el TJUE, ya que establecía limitaciones para la transmisión de bienes inmuebles situados en determinados municipios con alta presión en su mercado inmobiliario[128], entendiendo por transmisión la venta, el alquiler por más de nueve años, o el sometimiento a un derecho de enfiteusis o de superficie. Los inmuebles que se situaran en alguno de los 69 municipios identificados como sensibles a una alta presión inmobiliaria o migratoria interna o externa[129], solo podrían transmitirse, previo dictamen favorable de la comisión provincial de evaluación, a quienes tuvieran una "vinculación suficiente" con dichos municipios, entendiendo por vinculación suficiente, haber residido ininterrumpidamente durante al menos seis años en el municipio o en un municipio limítrofe de la lista, realizar actividades en el municipio en la fecha de la transmisión, siempre que, de media, dichas actividades tuvieran una duración de, al menos, media semana laboral, o haber creado con el municipio un vínculo profesional, familiar, social o económico en virtud de una circunstancia importante y duradera.

Estas previsiones constituyen, desde un punto de vista práctico, según señaló el tribunal, una restricción de las libertades fundamentales de los arts. 21, 45 y 49 del TFUE, y de los artículos 22 y 24 de la Directiva 2004/38/CE[130], recordando además que constituyen también una restricción a los movimientos de capitales, y por tanto deben considerarse prohibidas por el art. 63.1 del TFUE, en la medida en que se trata de medidas que puedan disuadir a los residentes de un EM de efectuar inversiones inmobiliarias en otros EEMM[131].

El decreto regional objeto de controversia se dictó, so pretexto de evitar que la población local con menor capacidad económica fuera desplazada por la llegada de personas con mayores recursos, especialmente en aquellas zonas de la región con alta demanda de vivienda y con precios elevados del mercado inmobiliario.

No obstante, tras el análisis de la cuestión, se pudo llegar a determinar que el nexo causal entre el objetivo a proteger y los parámetros que justificaban el acceso restringido al mercado para determinados individuos era lábil, hasta el punto de que ninguno de los criterios establecidos para determinar la existencia de "vinculación suficiente" con los municipios destinatarios guardaba relación directa con la verificación de las circunstancias socioeconómicas de la población local con menores recursos, que se corresponderían en principio con el colectivo a proteger, tal y como ya había adelantado el Abogado General, Sr. Mazák, en sus conclusiones previas[132].

Por lo tanto, se demostró que las medidas impuestas iban más allá de lo necesario para salvaguardar el bien protegido, ya que podía cumplir estos criterios no solo la población local más desfavorecida, sino también cualquier otra

---

127 EURLEX: Directiva 2004/38/CE del Parlamento Europeo y del Consejo de 29 de abril de 2004 relativa al derecho de los ciudadanos de la Unión y de los miembros de sus familias a circular y residir libremente en el territorio de los Estados miembros.

128 Op. Cit. Sentencia *Libert y otros*, ap. 24: "*Municipios en los que el precio elevado del suelo da lugar a un «desplazamiento social», es decir, la exclusión del mercado inmobiliario de la población con menor capacidad económica debido a la entrada de otros grupos de población «con mayor capacidad económica» procedentes de otros municipios*".

129 Moniteur belge : Arrêté du Gouvernement flamand établissant une liste des communes dans le sens de l'article 5.1.1, alinéa premier, du décret du 27 mars 2009 relatif à la politique foncière et immobilière, p. 63341.

130 Op. Cit. Sentencia *Libert y otros*, ap. 41.

131 Op. Cit. Sentencia *Woningstichting Sint Servatius*, ap. 21.

132 Conclusiones del Abogado General, Sr. Mazák - Asuntos Acumulados C-197/11 y C-203/11 Libert y otros, ECLI:EU:C:2012:621, ap. 37.

persona que, disponiendo de medios económicos suficientes, deseara acceder a un inmueble en los municipios destinatarios, y que por tanto no precisaba *a priori* de una protección específica para acceder a dicho mercado[133]. Sugiere ante esto el tribunal que las autoridades regionales podrían haber optado por adoptar otras medidas menos restrictivas que no supusieran una prohibición total *de facto* sobre la compra o el arrendamiento, como por ejemplo, el establecimiento de primas a la adquisición u otros tipos de ayudas financieras diseñadas específicamente en favor de quienes, cumpliendo ciertos requisitos económicos, desearan adquirir o tomar en arriendo inmuebles en los municipios afectados.

Por último, y ante la vaguedad de alguno de los criterios y de la falta de concreción de las situaciones en las que puede afirmarse que se cumple con lo requerido por el decreto regional, el tribunal consideró que no se debe permitir la legitimación de un comportamiento discrecional por parte de las autoridades nacionales en base a un régimen de autorización administrativa previa que puede llegar a despojar de eficacia a las disposiciones del Derecho de la UE, en particular, las relativas a las libertades fundamentales del mercado único. Además, tal y como ya señalamos en relación con el asunto *Woningstichting Sint Servatius* mencionado, en este caso el TJUE recordó su criterio jurisprudencial reiterado según el cual un régimen de autorización administrativa previa debe basarse en criterios objetivos, no discriminatorios y conocidos de antemano, de manera que puedan ser adecuados para fijar los límites bajo los cuales deben ejercerse las facultades de apreciación de las autoridades nacionales[134].

Por otra parte, en lo que respecta al aspecto relativo a la "carga social" que imponía el decreto flamenco a promotores y parceladores de vivienda a destinar una parte a vivienda social, y por el interés que reviste respecto al objeto de análisis del presente trabajo, cabe destacar que el TJUE consideró que, si bien la imposición de este tipo de cargas sociales puede constituir una restricción a la libre circulación de capitales al impedir que los inversores utilicen libremente los terrenos adquiridos[135], sin embargo en este caso dicha "carga social" no es *per se* incompatible con dicha libertad. No obstante, debe configurarse como una carga que sea proporcionada al objetivo que se pretende, es decir, debe ser necesaria y apropiada para lograr el objetivo que persigue la norma, que no es otro, en este caso, que garantizar la vivienda social, aspecto este cuya apreciación corresponde al órgano jurisdiccional nacional[136].

Asunto SEGRO (C-52/16 y C-113/16)[137]:

Por último, conviene mencionar también en este repaso a la jurisprudencia relevante en la materia el asunto SEGRO, por tratarse de una sentencia relativamente reciente que, si bien no analiza una medida restrictiva que incida sobre segundas residencias (la normativa húngara objeto de controversia restringía la propiedad y el usufructo sobre tierras agrícolas), sin embargo resulta pertinente mencionarlo porque los argumentos en los que se basa el tribunal pueden ser igualmente extrapolables al ámbito que es objeto de estudio en el presente trabajo.

En este caso, el TJUE vino a rechazar la compatibilidad de una normativa de Hungría en la medida en que se opone a la libre circulación de capitales, dado que favorece a los ciudadanos con nacionalidad húngara frente a los del resto de la UE. Para ello fundamenta su fallo, como veremos, en que no puede privarse a un ciudadano de la UE de un bien en cuya adquisición ha invertido legítimamente su capital, en que no deben admitirse medidas que disuadan a los no residentes de realizar inversiones futuras, y en que no pueden aceptarse medidas que supongan una discriminación indirecta que perjudican de manera desproporcionada a los ciudadanos de otros EEMM frente a los nacionales húngaros.

La normativa nacional húngara controvertida determinaba la extinción, sin compensación alguna, de los derechos de usufructo sobre tierras agrícolas, salvo que dicho derecho hubiera sido constituido sobre un pariente cercano al propietario de la tierra. Esta medida se adoptó partiendo de la presunción, que luego se demostró errónea, de que

---

133   Op. Cit. Sentencia *Libert y otros*, ap. 55.

134   Ibidem, ap. 57 a 59.

135   Ibidem, ap. 66.

136   Ibidem, ap. 67 y 68.

137   Sentencia del Tribunal de Justicia (Gran Sala) de 6 de marzo de 2018, asuntos acumulados C-52/16 y C-113/16, SEGRO, ECLI:EU:C:2018:157.

los derechos de usufructo sobre terrenos agrícolas constituidos entre quienes no son parientes cercanos se consideraban en todo caso inversiones con fines lucrativos.

En su defensa el Gobierno húngaro argumentó que la normativa nacional se justificaba por el cumplimiento de objetivos de interés general vinculados a la explotación de terrenos agrícolas, junto con la necesidad de sancionar infracciones de la normativa nacional en materia de control de cambios y cuestiones de orden público como la lucha contra prácticas abusivas para eludir la legislación nacional.

El alto tribunal europeo dictaminó sin embargo que la normativa nacional analizada restringía la libre circulación de capitales porque privaba a los ciudadanos despojados de su legítima inversión, de la posibilidad de disfrutar y disponer de los bienes en los que habían invertido previamente su capital[138]. Además reiteró su línea jurisprudencial previa según la cual la vulneración de la libre circulación con el fin de disuadir a los no residentes de realizar futuras inversiones inmobiliarias en un EM constituye una restricción a los movimientos de capitales que se considera una medida prohibida por el artículo 63.1 del TFUE[139].

Finalmente señaló en su fallo que, pese a no incluir la norma nacional una discriminación directa por razón de nacionalidad, se aprecia una discriminación indirecta, dado que aunque la norma presenta una apariencia de neutralidad sobre este aspecto, en la práctica perjudica de forma desproporcionada a los ciudadanos de otros EEMM, ante la escasa probabilidad de que se cumpla el criterio de parentesco requerido. No obstante lo anterior, no descarta el tribunal que tal restricción pueda estar justificada, aspecto este que corresponde enjuiciar al juez nacional[140].

2.4.3. Posición de la Comisión Europea

Como consecuencia de la formulación de varias preguntas parlamentarias por algunos eurodiputados, la Comisión ha tenido la ocasión de posicionarse en diferentes momentos acerca de cuál es su visión acerca de la viabilidad de este tipo de restricciones que afectan a las segundas residencias.

Como no podía ser de otra manera, la Comisión, como guardiana de los Tratados, fija como punto de partida el reconocimiento de la libre circulación de capitales como un principio fundamental de la UE consagrado en el TFUE, lo que se traduce, como ya hemos comentado, en el derecho de cualquier ciudadano de la UE a adquirir propiedades en otros EEMM, en donde se incluyen las segundas residencias. A la luz de lo anterior, cualquier limitación a la adquisición de segundas residencias supondría una restricción a la libre circulación de capitales y en consecuencia debe estar basada en las disposiciones del Tratado, o estar fundamentada en las excepciones al marco general delimitadas por la jurisprudencia del TJUE.

En la respuesta de la Comisión Europea de 13 de marzo de 2009 a la pregunta con respuesta escrita con referencia 0457/2009 formulada por el eurodiputado británico Graham Watson[141], reconoció que sobre la base del actual artículo 64.1 del TFUE (anterior art. 57.1 TCE), los EEMM pueden mantener restricciones respecto a los movimientos de capital hacia o desde terceros países que impliquen, entre otras cosas, la inversión en bienes inmuebles, siempre que ya estuviesen vigentes estas restricciones a fecha 31 de diciembre de 1993. Reconoció también que algunos EEMM negociaron ciertas disposiciones con vigencia temporal en sus respectivos Tratados de Adhesión que les permitían mantener las restricciones existentes en este ámbito de manera transitoria durante los primeros años posteriores a la adhesión. De igual modo aseveró que otros EEMM como Dinamarca, Finlandia (solo para las islas Åland), y Malta, disfrutan de ciertas excepciones permanentes consagradas en los Protocolos del Tratado, que fueron negociadas con ocasión de sus respectivos procesos de adhesión. Todas estas restricciones tanto temporales como permanentes han sido objeto de análisis en el apartado II.4.1 anterior.

---

138   Ibidem, ap. 63 y 64.

139   Ibidem, ap. 65.

140   Ibidem, ap. 67 a 75.

141   Parlamento Europeo: Respuesta del Sr. McCreevy en nombre de la Comisión Europea a la pregunta escrita E-0457/09 de Graham Watson (ALDE) a la Comisión.

Respecto al resto de restricciones (presentes o futuras) a la adquisición de segundas residencias, la Comisión nos recuerda en su respuesta escrita la jurisprudencia establecida por el TJUE a este respecto, según la cual pueden considerarse válidas algunas argumentaciones de los EEMM, siempre que se encuentren vinculadas a la consecución de objetivos de interés general que justifiquen la aplicación de medidas restrictivas en una zona geográfica determinada.

Ahora bien, tales medidas deben aplicarse de forma no discriminatoria (lo que implica que los nacionales del EM han de recibir el mismo trato que los nacionales de otros EEMM), y deben ser adecuadas y proporcionadas a los objetivos perseguidos.

En cuanto a qué razones de interés general serían admisibles, la respuesta de la Comisión en esta ocasión se remite a lo analizado en algunas de las sentencias previas comentadas en el apartado II.4.2 anterior (*Konle, Reisch, Salzmann y Burtscher*), según las cuales se considera que la medida nacional es compatible, si esta guarda vinculación con la ordenación territorial como justificación para mantener una población permanente y una actividad económica independiente del sector turístico.

Y en cuanto a qué mecanismos de restricción serían admisibles, recuerda que un *régimen de autorización previa* lo considera el TJUE desproporcionado, mientras que un *sistema de declaración previa*, sujeto a sanciones en caso de incumplimiento, con el compromiso del adquirente de no utilizar la propiedad como segunda residencia, puede considerarse conforme con el Tratado[142].

En fechas más recientes, el 15 de marzo, de 12 de abril y 5 de julio de 2023, la Comisión Europea ha vuelto a responder nuevamente a preguntas similares planteadas por varios eurodiputados españoles[143], en las que la Comisión vuelve a recordar que el art. 63 del TFUE prohíbe las restricciones a los movimientos de capitales relacionados con la adquisición de bienes inmuebles, incluidas las viviendas, por parte de nacionales de la UE no residentes.

No obstante, pone de relieve que tales restricciones pueden estar justificadas por los motivos señalados en el art. 65 del TFUE, es decir, por razones de orden público o seguridad pública, o por razones imperiosas de interés general de acuerdo con los criterios reconocidos en la jurisprudencia del TJUE, siempre que tales restricciones no resulten discriminatorias y sean proporcionadas al objetivo perseguido, lo que significa que han de ser adecuadas para garantizar, de manera coherente y sistemática, la realización del objetivo perseguido y no han de ir más allá de lo necesario para alcanzarlo.

Más allá de la homogeneidad sustantiva de estas tres últimas respuestas de la Comisión a un mismo asunto en tan corto periodo de tiempo, se observa sin embargo una cierta evolución en el contenido de las mismas, que posiblemente permiten conjeturar la preocupación creciente del ejecutivo europeo ante la recurrencia sobre una misma problemática, ya que en la última de ellas, de julio de 2023, la respuesta se detiene a recordar con detalle la jurisprudencia del TJUE que no ha estimado la compatibilidad con el Derecho de la UE del requisito de un periodo previo de residencia en un EM, por considerarlo una discriminación indirecta por razón de nacionalidad, y que por tanto entrañaría importantes dificultades para que pueda ser justificable.

En la misma línea, y dado que esta última pregunta formulada se refiere a si se puede entender que el objetivo de garantizar el derecho a una vivienda digna y adecuada para la población residente constituye una razón imperiosa de interés general, la respuesta se limita a recordar que "*garantizar una oferta de vivienda suficiente para las personas con escasos ingresos o para otras categorías desfavorecidas de la población local se consider[a] un interés público superior con arreglo al artículo 65 del TFUE*", sin embargo, cualquier medida que se adopte para lograr dicho objetivo debería ser necesaria y adecuada para que pueda reputarse compatible con el Tratado.

---

142   Op. Cit. Sentencia *Reisch y otros*, ap. 36 y 37 y Sentencia Salzmann, ap. 51.

143   Parlamento Europeo: Respuestas de la Sra. McGuinness en nombre de la Comisión Europea a las preguntas escritas con referencia E-000395/2023 de Rosa Estaràs Ferragut (PPE), E-000421/2023 de José Ramón Bauzá Díaz (Renew), y E-001346/2023 de Jordi Solé (Verts/ALE) y Diana Riba i Giner (Verts/ALE).

Capítulo III. Conclusiones y propuesta de medidas

Una vez concluido el trabajo previo de investigación y análisis, a continuación procuraremos dar respuesta a las preguntas de investigación planteadas formulando una serie de conclusiones que nos permitan aproximarnos, al menos de manera parcial, a las premisas expuestas al comienzo del trabajo:

1. Para comenzar, podemos afirmar que, sobre la base de los datos analizados, el acceso a la vivienda se ha convertido en un problema social de primer orden en Canarias, cuyas especificidades y limitaciones geográficas y socioeconómicas, dificultan aún más las posibilidades de acceso a la misma por parte de la población residente.

   La escasez de suelo, la ausencia de políticas públicas de vivienda eficaces, el poder adquisitivo de la población local significativamente inferior al de la media de la UE27 y la presión del turismo, son algunos de los factores que contribuyen a alimentar esta problemática.

   Esta situación se ve agravada, entre otros factores, por la presión que ejerce la compra de inmuebles por parte de no residentes, a menudo ciudadanos de otros EEMM de la UE procedentes de países con mayor renta per cápita, que cuentan por tanto con un poder adquisitivo superior al de la población local, y que en el ejercicio de las libertades fundamentales del mercado único, están en disposición de ofrecer precios de compra superiores a los que puede afrontar la población del archipiélago.

   En un mercado libre como el actual, en donde la vivienda se configura como un bien de mercado más, susceptible de ser intercambiado conforme a sus reglas de oferta y demanda, los bienes raíces en general y las viviendas en particular se han convertido en un refugio seguro para inversores, debido a las garantías que ofrecen frente a otros activos más volátiles, gracias a su alto poder de revalorización en el corto/medio plazo, y gracias a la alta rentabilidad media que pueden ofrecer en entornos en donde la demanda de alquiler tanto residencial como vacacional es elevada.

2. En cuanto al estatus especial de Canarias como Región Ultraperiférica de la UE reconocido en el art. 349 del TFUE, se trata de una herramienta con un gran potencial para defender sus intereses y singularidades en el marco común europeo, como base jurídica autónoma sobre la que se fundamenta la acción de la UE para con estas regiones.

   Esta disposición, anclada nada más y nada menos que en el Derecho primario de la UE, permite la adaptación, modulación e incluso la derogación de la aplicación del Derecho de la UE en estas regiones, en un ámbito o en una política concreta, sobre la base de circunstancias motivadas que justifiquen un tratamiento diferenciado frente al resto de territorios de la UE, sin que con ello se ponga en riesgo la integridad y coherencia del ordenamiento jurídico de la UE. Debería servir de base por tanto para negociar excepciones al régimen general de libre circulación de capitales en el ámbito de la adquisición de inmuebles.

   La posición del TJUE a este respecto es clara, en tanto respalda la adopción de medidas adaptadas a las necesidades particulares de estas regiones, incluso cuando las mismas no persigan directamente su desarrollo económico, siempre que exista un vínculo entre la medida y las singularidades de estos territorios. Además, va más allá dado que apoya la tesis según la cual, incluso cuando las medidas a adoptar pudieran no buscar algunas de las finalidades expresamente previstas en el artículo 349 del TFUE, siempre y cuando aquellas constituyan un "*todo indisociable*" y presenten un "*carácter accesorio*" respecto a la medida principal, procedería señalar que las mismas se pueden fundar igualmente en dicho artículo.

   En este sentido, consideramos que es clave la posición de liderazgo que habría de adoptar el Consejo ante la posibilidad de impulsar la introducción de una medida excepcional para las RUP que suponga, dentro de los límites establecidos por el Tratado y de acuerdo con la jurisprudencia delimitada por el TJUE, apartarse del marco europeo general para permitir alguna excepción a las libertades fundamentales del mercado único europeo, y más concretamente, alguna excepción a la libre circulación de capitales.

3. Centrándonos ya en la posibilidad de introducir limitaciones a la adquisición de inmuebles por parte de ciudadanos europeos no residentes permanentes en otro EM de la UE, la primera consideración a tener en cuenta es que el derecho a la propiedad privada se encuentra reconocido en el marco jurídico europeo, conservando

cada EM su autonomía para decidir cómo organizar y gestionar el régimen de la propiedad pública y privada en su respectivo ordenamiento jurídico. Sin embargo esta autonomía funcional debe compaginarse con las obligaciones que como EEMM han asumido al adherirse al proyecto europeo, obligaciones que entre otros muchos aspectos, implican la necesidad de respetar la primacía del Derecho de la UE sobre el ordenamiento jurídico nacional, y la observancia de las reglas básicas de funcionamiento del mercado único, entre las cuales se encuentra el respeto, la promoción y la salvaguarda de las libertades fundamentales ampliamente analizadas a lo largo del presente trabajo.

No obstante, la propiedad privada puede ser objeto de limitaciones, siempre y cuando no supongan una intervención desmesurada que vulnere la esencia misma del derecho, y siempre que dichas limitaciones se articulen mediante medidas que estén justificadas por un objetivo de interés general, que sean proporcionadas al objetivo perseguido, que no sean discriminatorias y que se ajusten al principio de legalidad. Se trata por tanto de un marco asumible en principio por cualquier Estado de Derecho, que pretenda implantar una medida restrictiva que persiga un objetivo legítimo en la defensa de sus intereses, sobre la base del respeto de las reglas del juego aplicables a todos.

4. Entrando ya de lleno en la viabilidad jurídica del establecimiento de medidas que impliquen restricciones o limitaciones a la adquisición de segundas residencias, como punto de partida es pertinente tomar en consideración la Declaración conjunta incluida en el Acta de adhesión de 1994[144], a la que aludimos en el apartado II.4.1 anterior, según la cual nada se opone a que las autoridades nacionales o regionales competentes de un EM impongan de manera individual una medida restrictiva sobre las segundas residencias, en un ámbito territorial limitado y con las debidas garantías ya largamente detalladas sobre no discriminación, en base a una necesidad de interés general, y concebida como medida necesaria que persiga la ordenación del territorio o la protección del medio ambiente.

5. En cuanto al diseño concreto de las medidas, es necesario que quienes pretendan implantar medidas restrictivas acudan a los límites fijados por las disposiciones del Tratado y por la jurisprudencia del TJUE para que aquellas pudieran considerarse compatibles con el acervo europeo.

La primera de las consideraciones a tener en cuenta sería la argumentación sobre la cual se habría de fundamentar el establecimiento de las mismas. Como argumentos de base que podrían justificar la introducción de medidas restrictivas en este ámbito, el TJUE ha reconocido la ordenación territorial como un objetivo legítimo para justificar restricciones, siempre que estas sean proporcionadas y no discriminatorias. Tendría que tratarse por tanto de medidas que afectaran a una determinada zona geográfica, con el fin de fijar una población permanente y una actividad económica independiente del sector turístico, con un objetivo de ordenación territorial, para que pudiera considerarse que dichas medidas responden a una finalidad de interés general.

No resultaría por tanto del todo descabellado para Canarias, debido a su fuerte dependencia del sector turístico, y de las dificultades para diversificar su economía en torno a otros sectores productivos, plantear el establecimiento de alguna medida restrictiva en un ámbito geográfico concreto (en una isla o en una serie de municipios concretos), que esté vinculada a un objetivo de ordenación territorial y a la fijación de una población permanente cuya principal actividad económica no esté vinculada con el turismo, como por ejemplo, la economía azul, el desarrollo de las energías renovables, la gestión medioambiental, o la investigación en el ámbito de la biotecnología, por mencionar solo algunos de los sectores con un gran potencial endógeno.

Sería por otra parte una magnífica oportunidad para comprobar hasta qué punto es firme el compromiso de la Comisión Europea con las Regiones Ultraperiféricas, con quienes en el marco de su vigente Estrategia para las RUP (*"Dar prioridad a las personas, asegurar el crecimiento sostenible e inclusivo y liberar el potencial de las regiones ultraperiféricas de la UE"*), se ha comprometido a trabajar en la línea que permita adoptar medidas que sirvan para liberar el potencial de crecimiento de estas regiones.

6. Otros objetivos legítimos que pueden considerarse compatibles para establecer restricciones en el ámbito de las segundas residencias serían por ejemplo la protección del medio ambiente (Sentencia *Reisch*), el fomento

---

144　*Declaración conjunta nº 5 sobre residencias secundarias,* 94/C241/09 Acta final, C:1994:241:TOC, p. 382: 5.

de la I+D (Sentencia *Laboratoires Fournier*), o la promoción y garantía de la vivienda pública (Sentencia *Libert*), según se ha detallado a lo largo del trabajo.

Son todos ellos argumentos que las autoridades competentes deben explorar para analizar su viabilidad en el contexto de la realidad de Canarias, siempre desde la perspectiva del exquisito respeto de los criterios fijados por la jurisprudencia del TJUE para que puedan considerarse compatibles. De entre ellos, parece *a priori* que la protección medioambiental se posicionaría como uno de los argumentos con mayores posibilidades de éxito para servir de justificación en relación con la eventual implantación de medidas restrictivas, especialmente en aquellas áreas del archipiélago que gozan de alguna de las numerosas figuras de protección medioambiental mencionadas, como las Reservas de la Biosfera, en donde se promueve un modelo de desarrollo armonioso en un área acotada, que apuesta por la protección de los ecosistemas y los paisajes con alto valor ecológico, y que promueve al mismo tiempo prácticas sostenibles que beneficien a las comunidades locales, sin deteriorar su entorno natural. En estos ámbitos en los que la protección medioambiental cobra una importancia capital, cabría incluso plantearse si sería necesario para asegurar la coherencia con el objetivo perseguido, el establecimiento de medidas para restringir la adquisición no solo de las segundas residencias sino también de las primeras, cuando se trate de población no residente de manera permanente en el territorio objeto de protección. En tales casos, el motivo de justificación medioambiental parece que *a priori* resultaría admisible, si bien el diseño de las medidas, como en el resto de supuestos analizados, debería respetar los criterios habituales ya mencionados (no discriminación entre nacionales y extranjeros comunitarios, y proporcionalidad respecto a la finalidad perseguida, de manera que no exista ninguna otra medida menos gravosa que resultara compatible con el objetivo a lograr).

7. Otras alternativas viables podrían ser el establecimiento de medidas de carácter fiscal para desincentivar a quienes desean adquirir una segunda residencia en áreas determinadas en donde la presión inmobiliaria sea muy alta, o en aquellos supuestos en los que la adquisición tiene lugar con fines meramente especulativos por parte de medianos/grandes tenedores de inmuebles.

En otros casos, la medida de carácter fiscal podría venir de la mano de la aplicación de un mayor gravamen sobre aquellas viviendas que no estén siendo utilizadas como primera residencia por sus propietarios, con el fin de promover su puesta en el mercado, y desincentivando en consecuencia su adquisición con fines de mera tenencia sin un uso permanente.

No nos detendremos a valorar la efectividad de tales medidas, no solo porque pueden resultar muy controvertidas por la evidente colisión de intereses contrapuestos, lo que requiere de un análisis más profundo, sino sobre todo porque excede del ámbito de estudio del presente trabajo.

En este sentido, nos limitaremos a señalar su viabilidad de acuerdo con el marco vigente (art. 65.1.a) del TFUE), siempre que se respeten escrupulosamente los criterios largamente desarrollados sobre su carácter no discriminatorio, su proporcionalidad respecto al objetivo perseguido y su justificación por alguno de los motivos señalados en el TFUE o por razones imperiosas de interés general reconocidas por la jurisprudencia del alto tribunal europeo.

8. Idéntica argumentación podemos señalar acerca del establecimiento de medidas limitativas basadas en motivos vinculados con la protección del orden público y de la seguridad pública (art. 65.1.b) del TFUE), ya que si bien son viables en el marco vigente con las limitaciones y de acuerdo con los criterios ya ampliamente comentados, si las trasladáramos al terreno de la problemática de la vivienda en Canarias, difícilmente podrían invocarse como argumentos defendibles para la implantación de este tipo de medidas en el ámbito de las segundas residencias.

9. Pasando ya a sistematizar los principales hallazgos en lo que se refiere al carácter no discriminatorio de las medidas a implementar, conviene recordar que como ya se ha dicho, deben dar lugar a un marco aplicable por igual tanto a los nacionales del EM en el que se sitúe la propiedad inmobiliaria cuya adquisición se regula, como a los ciudadanos de otros EEMM de la UE que pretendan acceder a la misma.

Así pues, debe evitarse la introducción de otros elementos o requisitos que persigan de manera subrepticia la vinculación con el territorio o con la nacionalidad del EM, ya que aunque la restricción ofreciera una apariencia de neutralidad sobre este aspecto, si en la práctica supone una discriminación indirecta porque perjudica de forma desproporcionada a los nacionales de otros EEMM, puede dar lugar inexorablemente a que la medida termine siendo declarada contraria a las libertades fundamentales del Derecho de la UE.

En ese sentido, cabe señalar que si bien el establecimiento de una medida que limitase la adquisición de inmuebles vinculándola a la residencia permanente en un determinado territorio, podría resultar *a priori* compatible con el Derecho de la UE en tanto no estuviera ligada a la nacionalidad del adquirente, sin embargo resulta fundamental que la medida pueda justificarse en base a una sólida motivación vinculada, como ya hemos dicho, con el fin de interés público que se persiga, y además que pueda demostrarse de manera solvente que no supone *de facto* una discriminación indirecta que beneficia a los nacionales frente a los ciudadanos de otros EEMM de la UE o del EEE.

En todo caso, si se planteara una medida de esta naturaleza en el mercado inmobiliario de Canarias, cabría apuntar que, al ser cada vez mayor la población de extranjeros comunitarios residentes en el archipiélago, y bajo la premisa de que no se establezca ninguna restricción a la libre residencia de ciudadanos comunitarios en las islas más allá del marco establecido por la Directiva 2004/38/CE, la eventual calificación de la medida restrictiva como una discriminación indirecta se situaría como una hipótesis en principio con poco recorrido, ya que en la práctica lo que primaría sería la defensa de la efectividad de la misma en términos disuasorios frente a quienes deseen adquirir inmuebles con fines meramente especulativos, articulándose como una medida que coadyuvaría a la consecución del objetivo del mantenimiento de las propiedades en manos de quienes residan de manera permanente en el archipiélago, independientemente de su nacionalidad, con una finalidad de ordenación territorial o de protección medioambiental.

10. Por lo que respecta a la proporcionalidad de las medidas, como hemos señalado ya con anterioridad a lo largo del presente trabajo, es seguramente este uno de los aspectos más complejos en lo que se refiere al método de valoración de la adecuación de la misma al marco vigente. Es importante destacar, como ya comentamos, que el análisis de *idoneidad*, de *necesidad* y de *seguridad jurídica* de la medida limitativa en el campo de las adquisiciones de inmuebles, debe conducir a la conclusión de que la misma, si bien resulta restrictiva frente a una de las libertades fundamentales, sin embargo constituye un instrumento al servicio de la protección de otros intereses públicos legítimos, cuya salvaguarda se sitúa en una posición de equilibrio frente a la defensa de la libre circulación de capitales.

    Resulta esencial en este punto el papel que juega el TJUE en la evaluación de la justificación de las restricciones a la libre circulación de capitales, que examinará cuidadosamente los argumentos presentados en cada caso por los EEMM y sopesará los intereses en juego, para asegurar que no se produzca un menoscabo de la garantía de un mercado único europeo lo más abierto y competitivo posible.

    Por su parte, la autoridad nacional promotora de las medidas debe estar en disposición de convencer al TJUE de que no existen otras medidas menos restrictivas o de menor intensidad que puedan lograr el mismo resultado. Igualmente debe encontrarse en condiciones de defender con solvencia y rigor la naturaleza de las medidas como una herramienta idónea para la finalidad que se pretende, la coherencia de las mismas con el objetivo perseguido y su impacto limitado con respecto al funcionamiento del mercado único. No hay que olvidar en este sentido que el TJUE tiende a ser más flexible si las medidas restrictivas se plantean en términos de buena fe y no sirven a fines proteccionistas, como podría ocurrir si se intentasen proteger sectores económicos nacionales, o dar lugar a un trato discriminatorio injustificado por razón de la nacionalidad.

11. En cuanto al mecanismo de limitación en el ámbito de las segundas residencias, lo más viable desde un punto de vista técnico parece *a priori* el establecimiento de un sistema de declaración previa por parte de no residentes, en los términos y con las condiciones que ya se han detallado en el apartado dedicado al análisis del asunto *Reisch,* declaración que estaría sujeta a control y que conllevaría un régimen de sanciones en caso de incumplimiento del compromiso de no utilizar la propiedad como tal.

    Este sistema, que el TJUE ha considerado en numerosas ocasiones como un mecanismo menos restrictivo que un sistema de autorización previa, permitiría a las autoridades competentes realizar un seguimiento sobre las transacciones que se producen en un determinado ámbito territorial, y controlar el uso que se le da a las viviendas, aportando al mismo tiempo seguridad jurídica al comprador, que conocería con carácter previo el marco de obligaciones a cumplir, sin que se llegue a poner en riesgo con ello la inversión transnacional que desea realizar.

Bibliografía

Fuentes académicas

ABALDE CANTERO, O. (2019). "Principales políticas y acciones de la Unión Europea". Salinas Alcega, Sergio (coord.), Martínez Pérez, Enrique Jesús (coord.). Lecciones para el estudio del derecho de la Unión Europea. Zaragoza: Universidad de Zaragoza. Págs. 331-339.

ALONSO MAS, M. J. (2014). "El marco comunitario: Las libertades de establecimiento y prestación de servicios". Alonso Mas, María José (dir.). El nuevo marco jurídico de la unidad de mercado comentario a la Ley de garantía de la unidad de mercado. Madrid: Ed. La Ley. Wolters Kluwers España. Págs. 45-84.

ARAÚJO BOYD, M. (1990). "La Adquisición de inmuebles situados en zonas estratégicas por ciudadanos de Estados miembros de la Comunidad Europea en España". Revista Gaceta jurídica de la CEE – B58 – núm. 87 noviembre. Págs. 3-6.

CUYVERS, A. (2017). "Free Movement of Capital and Economic and Monetary Union in the EU". East African Community Law. Marzo 2017. Págs. 410-432. DOI: https://doi.org/10.1163/9789004322073_027

EXPÓSITO SUÁREZ, I. (2008). "El régimen de integración especial de las regiones ultraperiféricas en la jurisprudencia del tribunal de justicia de las comunidades europeas". Revista Hacienda Canaria, núm. 23, junio. Págs. 223-246.

HINOJOSA MARTÍNEZ, L. (2013). "La libertad de movimientos de capital en la Unión Europea" (2013). Beneyto Pérez, J.M. (dir.), Maíllo González-Orús, J. (coord.), Becerril Atienza, B. (coord.). Tratado de derecho y políticas de la Unión Europea. Madrid: Ed. Thomson Reuters Aranzadi, Universidad San Pablo-CEU. Págs. 535-616.

MAÍLLO GONZÁLEZ-ORÚS, J. (2022). "Derecho Material de la Unión Europea: Mercado Único, Euro y otras políticas". De Rábago Marín, J. (dir.), Martínez Garrido, S. (dir.), Aragón Reyes, M. (coord.), Alonso Ureba, A. (coord.). Manual de Derecho para Ingenieros. Madrid: Aranzadi La Ley. Págs. 269-288.

MIRANDA CALDERIN, S. (2017). Orígenes y evolución del Régimen Económico y Fiscal de Canarias (REF). Tomo I, El origen histórico y la Hacienda real, siglos XV y XVI. Las Palmas de Gran Canaria: Universidad de Las Palmas de Gran Canaria.

MIRANDA CALDERIN, S. (2018). Orígenes y evolución del Régimen Económico y Fiscal de Canarias (REF). Tomo II, El origen histórico y la Hacienda local, siglos XV y XVI. Las Palmas de Gran Canaria: Universidad de Las Palmas de Gran Canaria.

PRECHAL, S. (2024). "Fundamental Rights and Treaty Freedoms: The 'Derogation Situation' and Infringement Proceedings". Adams-Prassl, J. et al. (ed.). The Internal Market Ideal: Essays in Honour of Stephen Weatherill. Febrero 2024. Págs. 151-162. DOI: https://doi.org/10.1093/oso/9780192867063.003.0008

RÍOS RULL, F., EXPÓSITO SUÁREZ, I. (2006). El régimen jurídico de Canarias como territorio ultraperiférico de la Unión Europea. Red Unamuno (Outermost European Universities Network – Interreg III – B, Açores – Madeira - Canarias). Las Palmas de Gran Canaria: Universidad de Las Palmas de Gran Canaria.

RODRÍGUEZ PORTUGUÉS, M. (2010). "Canarias como "Región Ultraperiférica" de la Unión Europea. El caso de la agricultura". Revista de Derecho Comunitario Europeo – 1138 - 4026 6, núm. 36, Madrid, mayo/agosto (2010). Págs. 497-529.

SARMIENTO, D. (2024). Curso de Derecho de la Unión Europea. Madrid: Ed. Marcial Pons.

VV.AA (2022). Compendio de legislación europea aplicable a Canarias como región ultraperiférica de la UE. Madrid: Editorial Francis Lefebvre.

Legislación

España

Constitución española de 1978. BOE núm. 311, de 29 de diciembre de 1978.

Ley Orgánica 10/1982, de 10 de agosto, de Estatuto de Autonomía de Canarias. BOE núm. 195, de 16 de agosto de 1982.

Ley Orgánica 1/2018, de 5 de noviembre, de reforma del Estatuto de Autonomía de Canarias. BOE núm. 268, de 6 de noviembre de 2018.

Unión Europea

Tratados/Cartas

Carta de los Derechos Fundamentales de la Unión Europea. *Diario Oficial de la Unión Europea,* C 83, 30 de marzo de 2010, p. 389.

Versión consolidada del Tratado de la Unión Europea. *Diario Oficial de la Unión Europea,* C 326, 26 de octubre de 2012, p.13

Versión consolidada del Tratado de Funcionamiento de la Unión Europea. *Diario Oficial de la Unión Europea,* C 326, 26 de octubre de 2012, p. 47.

Reglamentos

Reglamento (CEE) nº 1911/91 del Consejo, de 26 de junio de 1991, relativo a la aplicación de las disposiciones del Derecho comunitario en las islas Canarias. *Diario Oficial,* L 171, 29 de junio de 1991, p. 1-4.

Reglamento (UE) n° 492/2011 del Parlamento Europeo y del Consejo, de 5 de abril de 2011 , relativo a la libre circulación de los trabajadores dentro de la Unión Texto pertinente a efectos del EEE. *Diario Oficial de la Unión Europea,* L 141, 27 de mayo de 2011, p. 1-12.

Directivas

Directiva 88/361/CEE del Consejo de 24 de junio de 1988 para la aplicación del artículo 67 del Tratado. *Diario Oficial,* L 178, 8 de julio de 1988, p. 5-18.

Directiva 2004/38/CE del Parlamento Europeo y del Consejo de 29 de abril de 2004 relativa al derecho de los ciudadanos de la Unión y de los miembros de sus familias a circular y residir libremente en el territorio de los Estados miembros. *Diario Oficial de la Unión Europea,* L 158, 30 de abril de 2004, p. 77-123 (Corrección de errores, L 229, de 29 de junio de 2004, Págs. 35-48.

Decisiones

Decisión del Consejo 91/314/CEE, de 26 de junio dc 1991, por la que se establece un programa de opciones específicas por la lejanía y la insularidad de las islas Canarias (POSEICAN). *Diario Oficial,* L 171, 29 de junio de 1991, p. 5-9.

Decisión de ejecución de la Comisión, que modifica la Decisión de Ejecución C(2015) 5853, por la que se aprueban determinados elementos del programa operativo «Canarias» para el que se solicitan ayudas del Fondo Europeo de Desarrollo Regional en el marco del objetivo de inversión en crecimiento y empleo destinadas a Canarias en España (CCI 2014ES16RFOP007). Bruselas, 19 de diciembre de 2017, documento C(2017) 8956 final.

Otros actos no legislativos

COMISIÓN EUROPEA (2004). Comunicación de la Comisión Europea "Estrechar la asociación con las Regiones Ultraperiféricas". Bruselas, 26 de mayo de 2004, documento COM(2004) 343 final.

COMISIÓN EUROPEA (2007). Comunicación de la Comisión al Consejo, al Parlamento Europeo, al Comité Económico y Social Europeo y al Comité de las Regiones – "Estrategia para las regiones ultraperiféricas: logros y perspectivas" {SEC(2007) 1112}. Bruselas, 12 de septiembre de 2007, documento COM(2007) 507 final.

COMISIÓN EUROPEA (2008). Comunicación de la Comisión Europea "Las regiones ultraperiféricas: una ventaja para Europa". Bruselas, 17 de octubre de 2008, documento COM(2008) 642 final.

COMISIÓN EUROPEA (2012). Comunicación de la Comisión Europea "Las regiones ultraperiféricas de la Unión Europea: hacia una asociación en pos de un crecimiento inteligente, sostenible e integrador". Bruselas, 20 de junio de 2012, documento COM(2012) 287 final.

COMISIÓN EUROPEA (2017). Documento de trabajo de los Servicios de la Comisión. Análisis de seguimiento sobre los movimientos de capitales y la libertad de pagos. Bruselas, 20 de febrero de 2017, documento SWD(2017) 94 final.

COMISIÓN EUROPEA (2017). Comunicación interpretativa de la Comisión sobre la adquisición de tierras agrícolas y el Derecho de la Unión Europea (2017/C 350/05). Diario oficial de la Unión Europea, C 350/05, 18 de octubre de 2017.

COMISIÓN EUROPEA (2017). Comunicación de la Comisión al Parlamento Europeo, al Consejo, al Comité Económico y Social Europeo, al Comité de las Regiones y al Banco Europeo de Inversiones – "Una asociación estratégica renovada y más fuerte con las regiones ultraperiféricas de la Unión Europea" {SWD(2017) 349 final}. Estrasburgo, 24 de octubre de 2017, documento COM(2017) 623 final.

COMISIÓN EUROPEA (2021). Documento de trabajo de los Servicios de la Comisión. Análisis de seguimiento sobre los movimientos de capitales y la libertad de pagos. Bruselas, 6 de abril de 2021, documento SWD(2021) 68 final.

COMISIÓN EUROPEA (2022). Comunicación de la Comisión al Parlamento Europeo, al Consejo, al Comité Económico y Social Europeo y al Comité de las Regiones – "Dar prioridad a las personas, asegurar el crecimiento sostenible e inclusivo y liberar el potencial de las regiones ultraperiféricas de la UE" {SWD(2022) 133 final} - {SWD(2022) 134 final}. Estrasburgo, 3 de mayo de 2022, documento COM(2022) 198 final.

COMISIÓN EUROPEA (2024). Documento de trabajo de los Servicios de la Comisión. El papel de la política de cohesión en la implementación de la Comunicación titulada «Dar prioridad a las personas, asegurar el crecimiento sostenible e inclusivo y liberar el potencial de las regiones ultraperiféricas de la UE» que acompaña al documento Informe de la Comisión al Parlamento Europeo, al Consejo, al Comité Económico y Social Europeo y al Comité de las Regiones sobre la implementación de la Comunicación titulada «Dar prioridad a las personas, asegurar el crecimiento sostenible e inclusivo y liberar el potencial de las regiones ultraperiféricas de la UE»{COM(2024) 435 final}. Bruselas, 3 de octubre de 2024, documento SWD(2024) 227 final.

Jurisprudencia

Sentencias del Tribunal de Justicia de la Unión Europea

Sentencia del Tribunal de Justicia de 13 de diciembre de 1979, C-44/79, asunto Hauer, ECLI:EU:C:1979:290.

Sentencia del Tribunal de Justicia de 6 de noviembre de 1984, C-182/83, asunto Fearon, ECLI:EU:C:1984:335.

Sentencia del Tribunal de Justicia de 14 de enero de 1988, C-63/86, asunto Comisión v Italia, ECLI:EU:C:1988:9.

Sentencia del Tribunal de Justicia de 30 de mayo de 1989, C-305/87, asunto Comisión v Grecia, ECLI:EU:C:1989:218.

Sentencia del Tribunal de Justicia de 18 de junio de 1991, C-260/89, asunto ERT/DEP, ECLI:EU:C:1991:254.

Sentencia del Tribunal de Justicia de 24 de noviembre de 1993, C-267/91 y C-268/91, asunto Keck, ECLI:EU:C:1993:905.

Sentencia del Tribunal de Justicia de 26 de junio de 1997, C-368/95, asunto Vereinigte Familiapress Zeitungsverlags-und vertriebs GmbH/Bauer Verlag.

Sentencia del Tribunal de Justicia de 1 de junio de 1999, C-302/97, asunto Konle v Austria, ECLI:EU:C:1999:271

Sentencia del Tribunal de Justicia de 5 de marzo de 2002, asuntos acumulados C-515/99, C-519/99 a C-524/99 y C-526/99 a C-540/99, Reisch y otros, ECLI:EU:C:2002:135.

Sentencia del Tribunal de Justicia de 4 de junio de 2002, C-367/98, asunto Comisión v Portugal, ECLI:EU:C:2002:326.

Sentencia del Tribunal de Justicia de 11 de julio de 2002, C-60/00, asunto Carpenter, ECLI:EU:C:2002:434.

Sentencia del Tribunal de Justicia (Sala Sexta) de 15 de mayo de 2003, C-300/01, asunto Salzmann, ECLI:EU:C:2003:283.

Sentencia del Tribunal de Justicia de 23 de septiembre de 2003, C-452/01, asunto Ospelt y Schlössle Weissenberg, ECLI:EU:C:2003:493

Sentencia del Tribunal de Justicia (Sala Tercera) de 10 de marzo de 2005, C-39/04, asunto Laboratoires Fournier, ECLI:EU:C:2005:161.

Sentencia del Tribunal de Justicia (Sala Tercera) de 1 de diciembre de 2005, C-213/04, asunto Burtscher, ECLI:EU:C:2005:731.

Sentencia del Tribunal de Justicia (Sala Primera) de 27 de abril de 2006, C-441/02, asunto Comisión/Alemania, EU:C:2006:253.

Sentencia del Tribunal de Justicia (Sala Tercera) de 25 de enero de 2007, C-370/05, asunto Festersen, ECLI:EU:C:2007:59.

Sentencia del Tribunal de Justicia (Sala Primera) de 1 de octubre de 2009, C-567/07, asunto Woningstichting Sint Servatius, ECLI:EU:C:2009:593.

Sentencia del Tribunal de Justicia (Sala Primera) de 8 de julio de 2010, C-171/08, asunto Comisión v Portugal, ECLI:EU:C:2010:412

Sentencia del Tribunal de Justicia (Sala Tercera) de 21 de diciembre de 2011, C-271/09, asunto Comisión v Polonia, ECLI:EU:C:2011:855

Sentencia del Tribunal de Justicia (Sala Cuarta) de 8 de noviembre de 2012, C-244/11, Comisión v Grecia, ECLI:EU:C:2012:694, ap. 16.

Sentencia del Tribunal de Justicia (Sala Primera) de 8 de mayo de 2013, asuntos acumulados C-197/11 y C-203/11, Libert y otros, ECLI:EU:C:2013:288.

Sentencia del Tribunal de Justicia (Gran Sala) de 22 de octubre de 2013, asuntos acumulados C-105/12 a C-107/12, Staat der Nederlanden / Essent y otros, ECLI:EU:C:2013:677.

Sentencia del Tribunal de Justicia (Gran Sala) de 15 de diciembre de 2015, asuntos acumulados C-132/14 a C-136/14, ECLI:EU:C:2015:813.

Sentencia del Tribunal de Justicia (Gran Sala) de 6 de marzo de 2018, asuntos acumulados C-52/16 y C-113/16, SEGRO, ECLI:EU:C:2018:157.

Conclusiones de Abogados Generales

Conclusiones del Abogado General, Sr. Mazák - Asuntos Acumulados C-197/11 y C-203/11 Libert y otros, ECLI:EU:C:2012:621.

Conclusiones del Abogado General, Sr. Wahl - Asuntos Acumulados C-132/14 a C-136/14, ECLI:EU:C:2015:425.

Números Publicados
Serie Unión Europea y Relaciones Internacionales

Serie Política de la Competencia y Regulación